FUTZI MIT LEICHTEM REISEGEPÄCK
EIGENE ANGEL =
MR. PERFECT, DER LEON
OPAS KRASSER SCANNERBLICK
ECHT JETZT?
DU BIST WIDERLICH!!!
SAH MAL SO AUS:
ICH (ABER MICH KENNT IHR JA SCHON)
LEON (MAKELLOS WIE IMMER)
FUTZI (DER POPELFRESSER)
LECKER PLÖTZE, AUCH ROTAUGE GENANNT
AUCH IRGENDWIE ICH
ICH
ALTER FALTER

Mats der Angler

DR. HELGE JOCHENS

Wo ich herkomme:
Aus dem Weihnachtsmanndorf Himmelpfort

Wo ich jetzt wohne:
Im schönen Münchner Süden

Das wollte ich werden:
Fußballnationalspieler

Das mache ich jetzt:
Da ich nie über die Kreisliga hinausgekommen bin, mache ich nun Forschung, die hilft, unsere Umwelt zu schützen – ist aber auch ganz cool

Das mache ich am liebsten:
Urlaub – und im Urlaub mache ich am liebsten nichts

Lieblingsessen:
Shrimps und Grillhähnchen

Lieblingstier:
Shrimps und Grillhähnchen

Hobbys:
Angeln (leider nicht immer so erfolgreich wie Mats), Fußballspielen (leider nicht gut genug, um damit Geld zu verdienen) und manchmal schreibe ich ein Kinderbuch

MAXI ALKER

Wo ich herkomme:
Aus der Brandenburger Seenlandschaft

Wo ich jetzt wohne:
Direkt an der schönen Havel

Das wollte ich werden:
Pirat, aber aus Platzmangel für das Schiff doch lieber Künstlerin

Das mache ich jetzt:
Groß und Klein mit meinen Filmen und Bildern zum Lachen bringen

Das mache ich am liebsten:
Meine Füße ins Wasser baumeln lassen und lesen

Lieblingsbuch:
Gaston, weil der immer wunderbare Ideen hat, die garantiert jedes Mal nach hinten losgehen – zum Leidwesen Fantasios

Lieblingssport:
Tanzen bis die Socken qualmen

Hobbys:
Vom Boot aus die Füße ins Wasser baumeln lassen, mit dem Fahrrad wilde Berge runtersausen und dabei die Knie bis an die Ohren ziehen, tanzen

Mats der Angler

(H)ECHT JETZT?!

NFV

INHALTSVERZEICHNIS

CHARAKTERE

Hey! Hier seht ihr mich, Mats, einen Hammertypen mit einem ultragroßen Hecht. Ich bin der Held der Geschichte und erzähle euch von unseren krassen Abenteuern.

Das ist mein Opa!
Er ist der Ronaldo unter den Anglern und mein großes Vorbild. Zwar redet er etwas komisch, aber dafür kann er tolle Geschichten aus seinem Leben erzählen.

Dieser komische Vogel ist mein bester Freund: Futzi. Er ist eine echt treue Seele und man kann sich immer auf ihn verlassen, aber er hat ein ernst zu nehmendes Popelproblem.

Dieser gut aussehende Typ ist Leon. Er ist ein echter Mädchenschwarm und das NERVT! Mr. Perfect ist groß, intelligent und höflich (WÜRG), aber trotzdem mein Kumpel.

Hier seht ihr Sophie, ein WAHNSINNS-Mädchen. Sie ist ultrahübsch und deshalb der Schwarm aller Jungs in der Klasse.

Kapitel 1: WAS FÜR EIN HECHT!

Es war echt noch früh, als ich aufwachte, aber die Sonne hämmerte schon volle Lotte durch mein Rollo. Ich hatte mir fest vorgenommen, möglichst früh aufzustehen, weil ich noch vor der Schule checken wollte, ob mein Opa etwas gefangen hatte.

Die Uhr zeigte 5.43 Uhr! Schwein gehabt! Mein Bus kommt immer um 6.50 Uhr vorne an der Ecke. Ich hatte jetzt also mehr als eine Stunde. Schnell streifte ich mir ein paar Klamotten über, die ich auf Dads Befehl hin bereits gestern auf den kleinen Stuhl neben meinem Bett geschmissen hatte und flitzte die Treppe hinunter in den Hof.

Mein Opa war echt ein krasser Angler und fast jeden zweiten Tag oder jede zweite Nacht auf dem See.

Er hatte mich schon oft mitgenommen, um gemeinsam Köderfische – oder wie er es nannte: ANSTECKER – zu fangen.

Mit diesen Ansteckern zog er dann abends (wenn ich ins Bett musste – KOTZ) oder morgens (wenn ich in die Schule musste – WÜRG) los, um fette Raubfische wie Hechte, Zander, Aale oder manchmal sogar einen Wels zu angeln. Da nahm er mich leider NIE mit.

Zielsicher peilte ich den kleinen Schuppen auf der anderen Seite des Hofes an. Als ich durch die knarrende Holztür ging, sah ich nur den riesigen Rücken meines Opas. Er sah mich über die Schulter an.

„Moin Moin, mien lütten Schietbüddel."

Mein Opa redet so komisch, weil früher hier alle so redeten. Was genau seine Begrüßung bedeutet, erkläre ich jetzt mal nicht, aber ich habe mir von meinen Eltern versichern lassen, dass er es wohl nett meint. Na hoffentlich!

„Hast du was gefangen?", fragte ich neugierig.

Hastig checkten meine Augen den Schuppen nach einem möglichen Fang ab. Ich sah keinen Fisch, konnte aber auch die Werkbank nicht sehen, denn Opas speckiger Rücken versperrte die Sicht.

Die Antwort auf meine Frage war mir aber plötzlich sowieso klar wie Kloßbrühe: ER HATTE EINEN! Woran ich das erkannte? Mein Opa machte eindeutige Handbewegungen. Er schuppte ganz klar einen Fisch.

Und in demselben Moment machte er einen Schritt zur Seite und sagte mit stolzer Stimme: „Kiek wat ik fang hebb, mien Jung!" Mir klappte die Kinnlade runter. Ich war geflasht!

Was war das denn? Vor uns lag ein fetter Hecht von mindestens einem Meter Länge – ein MONSTER!

Er hatte gewaltige, orange leuchtende Flossen und ein krasses grün-gelblich schimmerndes Schuppenkleid. Sein Kopf war riesig und seine messerscharfen Zähne ragten bedrohlich aus dem offen stehenden Maul.

Mein Opa hatte ja echt schon viele Hechte gefangen, aber der hier war auch für ihn etwas ganz Besonderes.

„Alter Schwede, ist ja Hammer", sagte ich noch immer schwer beeindruckt und ging näher an den Hecht heran, um ihn mir genau anzusehen.

„Was für ein Oschi! Wie schwer ist der?"

„Sowat twalf Kilo."

„Krass! – Zwölf Kilo!"

Ich kramte in meiner Tasche nach meinem Handy, machte ein Foto und wechselte sofort mein Profilbild.

„War es schwer, den zu fangen?“, fragte ich.

„Nich för dien Grootvader, mien lütten Schietbüddel.“

Mit diesen Worten fuchtelte mein Opa mir lachend durch die Haare, ohne zu checken, dass er gerade ekelhaft stinkenden Hechtschleim auf meinem Kopf verteilte.

Ich ließ mir nichts anmerken, obwohl mir klar war, dass ich nun stinkend wie eine Dose Heringe in die Schule gehen musste.

Na ja, ich hatte ja immerhin mein neues Profilbild, sollte es Nachfragen zu meinem außergewöhnlichen Duft geben. „Kann ich eigentlich mal mitkommen zum Hechtangeln?", fragte ich vorsichtig und tastete dabei leicht über die Seite des Fisches.

„Klaar!", antwortete mein Opa.

„Echt? Jetzt?", stammelte ich erstaunt und verwirrt zugleich, denn ich hatte nicht damit gerechnet, dass mein Opa so schnell zustimmte, weil er beim Hechtangeln eigentlich seine Ruhe haben wollte und dieselbe Frage in der Vergangenheit IMMER verneint hatte.

„Du musst in de School!", antwortete er trocken.

„Dann morgen?", schlug ich, noch immer leicht verwirrt, vor.

„Mörgen is doch ok School!"

„Hm, stimmt. Dann am Wochenende?"

„Dat könen wi maken."

„Echt jetzt? Geil! Deal!", antwortete ich schnell, bevor er es sich anders überlegen konnte.

Ich schielte noch ein letztes Mal auf den gewaltigen Fisch, bevor ich mich mit einem breiten Grinsen im Gesicht auf den Weg in Richtung Schule machte. Der Tag hatte aufregend begonnen und so sollte es weitergehen.

Kapitel 2: ICH BIN EIN STRASSENKÖTER

Der Bus kam pünktlich. Ich stieg ein und ging wie immer in die vorletzte Reihe, linke Seite. Eigentlich wollte ich gern in die letzte Reihe, denn da sitzen ja die Coolen, aber momentan ist die noch für die Achtklässler reserviert. Naja, meine Zeit wird kommen.

Leon saß schon drin. Leon ist mein Kumpel, obwohl er eigentlich nicht der einfachste Typ ist. Nicht, dass er aggro ist oder unfreundlich oder schlecht erzogen. Nichts von dem – und genau das macht ihn so problematisch. Er ist perfekt. Er ist groß, schlank, blond, gut aussehend, intelligent und klug. Ein echter Mädchenschwarm und DAS NERVT.

Ich hingegen bin einfach nur gewöhnlich. Mittelgroß oder mittelklein, je nachdem wie man es sagen möchte, mittelschlank oder mitteldick, je nachdem von welcher Seite man mich anguckt. Mittelklug oder mittelblöd – je nachdem, welchen Lehrer man fragt. Ich bin nicht nur straßenköterblond, ich bin ein Straßenköter. Und leider stehen Mädchen nicht auf Straßenköter, sondern auf Golden Retriever.

Und wenn der Straßenköter wie an diesem Tag nach Fischkutter müffelt, macht das die Sache nicht gerade besser. Meine einzige Chance, gut auszusehen, war nicht ganz so dicht neben Leon zu stehen und stattdessen die Nähe von Futzi zu suchen.

Futzi ist mein bester Freund. Eine echt treue Seele. Eigentlich heißt Futzi nicht Futzi, sondern Matthias. Futzi weiß selbst nicht so genau, warum er Futzi heißt oder er will es nicht sagen. Man munkelt nämlich, dass der Name von Furzi abstammt und er ihn aufgrund einer gesunden Verdauung bereits als Baby von seinen Eltern verpasst bekommen hat. Da er immer noch ziemlich häufig einen stehen lässt, halte ich die Geschichte durchaus für plausibel.

Futzi ist das komplette Gegenteil von Leon. Er ist klein, rundlich, tollpatschig und in der Schule nicht gerade die hellste Leuchte.

Wenn Leon ein Golden Retriever ist und ich ein Straßenköter, dann ist Futzi ein Mops. Und er popelt. Und wenn ich das sage, meine ich nicht das heimliche Popeln, das jeder macht, wenn er sich unbeobachtet fühlt. Ich meine öffentliches, schamloses Popeln in allen Situationen. Im Bus, in der Schule und in der Freizeit. Keine Ahnung, wie man überhaupt so viele Popel produzieren kann, um das hobbymäßig zu betreiben.

Trotzdem ist und bleibt Futzi mein bester Freund, weil man sich immer auf ihn verlassen kann. Und weil man eben neben ihm gut aussehen kann.

In diesem Moment kam Futzi, den Finger in der Nase, reingestolpert. Futzi wohnt nur ein paar hundert Meter neben uns und steigt immer eine Haltestelle nach meiner ein.

„Guten Morgen", sagte Leon. Leon war, wie gesagt, wohlerzogen und begrüßte uns jeden Morgen freundlich.

„Hi Leon", entgegnete ich.

„Mmmgn", murmelte Futzi.

Futzis Finger hatte gerade seinen Weg aus der Nase in den Mund gefunden und das erschwerte eine klare Aussprache.

„Stinkst du nach Fisch?" Leon hatte meine herbe Note bemerkt, die scheinbar intensiver war, als ich gedacht hatte. Schnell holte ich mein Handy aus der Tasche und zeigte den beiden das Foto von Opas Riesenhecht.

„Boah Alter, ein Hai!", sagte Futzi erstaunt.

„Mann, Futzi, das ist doch kein Hai, das ist ein Hecht!", korrigierte ich ihn.

„Und nicht irgendeiner. Das ist ein RIESENHECHT. Das Teil ist mehr als einen Meter lang und wiegt mehr als zwölf Kilo. Er liegt gerade bei uns zu Hause im Schuppen. Mein Opa war heute Morgen mit dem Boot auf dem See und hat den rausgeholt."

„Echt jetzt? Wie fängt man denn sooo ein krasses Monster-vieh?", fragte Futzi.

„Na wie schon?! Mit 'ner Angel natürlich. Man angelt zuerst ein paar kleine Fische und hängt dann einen als Köder an den Haken. Wenn der Hecht dann den Fisch frisst, hängt er selbst dran. Dumm gelaufen sag ich nur. Dann muss man ihn natürlich noch reinholen und so und das ist bei diesem Monster hier gar nicht so ganz einfach."

„Auf jeden. Ist doch easy-peasy", sagte Leon plötzlich selbstbewusst. „Ich war auch mal an so 'nem Forellentümpel. Wir haben uns so eine Angel und bunte Knete ausgeliehen und die dann an den Haken gemacht und schwuppdiwupp hatten wir vier dicke Forellen im Eimer. Die haben wir dann nur noch an der Kasse bezahlt und saubermachen lassen. Meine Mom hat die dann zu Hause gebraten. Ist überhaupt kein großes Ding."

„Mann, Alter, das ist doch kein richtiges Angeln", meinte ich empört. „Das ist ja so, als wenn ein Jäger im Zoo einen Hirsch abknallt. Die Viecher hungern doch und warten nur darauf, gefangen zu werden. Und deine Knete ist keine Knete, sondern eine Teigmasse.

Das, was mein Opa macht, ist echtes Angeln und wisst ihr was? – Am Wochenende werde ich das auch machen. Er nimmt mich nämlich mit auf den See."

„Cool, kann ich auch mitkommen?", fragte Futzi mit leuchtenden Augen.

„Nee, Futzi, lass mal. Ich fahre erst einmal mit meinem Opa allein. Aber ich checke das ganze Angelzeug und die besten Angelstellen aus und dann können wir auch an den See gehen, ok?"

„Und einen Hai fangen – geil."

„Einen Hecht, Futzi, einen Hecht!“

Ich hätte echt nicht gedacht, dass Futzi sich so leicht abspeisen lässt, aber er schien mit meiner Antwort zufrieden zu sein. Mir war klar, dass mein Opa es ziemlich assig finden würde, wenn ich noch einen Kumpel mitbringen würde. Er legt nämlich sehr viel Wert darauf, dass alles so läuft, wie er es kennt. Und vor allem, dass alles ganz gechillt abläuft. „Tum Angeln bruukt man Ruh“, habe ich ihn mehr als einmal sagen hören. Dass ICH mit zum Hechtangeln durfte, war schon alles andere als selbstverständlich. Einen popelnden Kumpel, der sehr talentiert darin war, Sachen durcheinander zu bringen und Unruhe zu stiften, hätte mein Opa nicht verkraftet.

Plötzliche Stille. Sophie stieg in den Bus. Ab sofort kein Gedanke mehr an den Hecht. Kein Gedanke mehr an meinen Opa. Kein Gedanke mehr an irgendwas. Ich starrte sie an. Was für ein WAHNSINNS-Mädchen.

Sophie geht in meine Klasse. Sie ist ein bisschen kleiner als ich, hat blonde lange Haare, blaue Augen und das hübscheste Gesicht, das man sich vorstellen kann – eine Golden Retrieverin. Mein Bauch kribbelte jedes Mal wie irre, wenn ich sie sah. Sie war der Schwarm aller Jungs in der Klasse. Wenn sie irgendwo reinkam, schaute alles nur auf sie. Auch jetzt. Sie kam in den Bus und alle starrten sie an.

Alle Gespräche waren beendet. Alles war ruhig. Sie kam in unsere Richtung und steuerte die Bank zwei Reihen vor uns an. Wie jeden Morgen. Meine Augen folgten jeder ihrer Bewegungen. Kurz bevor sie sich setzte, warf sie ein bezauberndes Lächeln in unsere Richtung. Leider flog es knapp an meiner linken Backe vorbei und traf auf Leon. Wie jeden Morgen. Es fühlte sich an wie ein Tritt in den Magen. Wie jeden Morgen. Ich war also nicht überrascht. Ich kannte das Gefühl und konnte mich trotzdem nicht daran gewöhnen.

Und Leon, der Pfosten, schien sein Glück gar nicht zu bemerken oder zu begreifen.

Er ignorierte ihr Lächeln und fragte: „Tut es ihm weh?"

„Was? Wem?", fragte ich und hatte keinen blassen Schimmer, wovon Leon redete.

„Dem Fisch. Dem kleinen Fisch, den der Hecht frisst. Tut es ihm weh?"

Ich schaute Leon verwirrt an und berappelte mich nur langsam. „Äh nein, der ist schon tot, wenn er gefressen wird. Man darf nicht mit lebenden Köderfischen angeln. Das ist verboten. Früher haben das die Leute gemacht, sagt mein Opa. Und es funktioniert wohl auch besser, aber es geht auch mit toten Fischen."

„Ich find das assig", sagte Leon angewidert. „Angeln ist nix für mich." Ich konnte und wollte dem nichts mehr entgegnen, denn in diesem Moment hielt unser Bus an der Schule und wir stiegen aus.

Kapitel 3: DAS BIOLOGIE-EXPERIMENT

Heute standen zwei Stunden Sport, eine Stunde Musik, zwei Stunden Mathe und eine Stunde Biologie auf dem Stundenplan. Nicht der beste Plan, aber wenigstens kein Englisch. Alles verlief ziemlich unspektakulär, bis auf die letzte Stunde. Im Biologieunterricht stand nämlich gerade passend das Thema „Fische“ an. Herr Knoblauch ist unser Biologielehrer und er hat es echt drauf, uns auch öde Themen auf coole Art und Weise schmackhaft zu machen.

So ist Herr Knoblauch beim Thema „Säugetiere" mit der ganzen Klasse in einen Rinderstall gefahren. Zuerst gingen wir zu den Kälbchen, die wir mit einem Eimer Milch füttern durften. An dem Eimer war unten so eine Art Gumminippel, an dem die Kälbchen wie verrückt saugten. Am coolsten war aber, dass wir die kleinen Dinger auch streicheln durften.

Danach sind wir weiter zu den fetten Milchkühen, die mit monströsen Melkmaschinen gemolken wurden. Der Bauer hatte eine arme Kuh für uns aus der Herde genommen, die wir nun selber melken durften. Futzi hatte den grandiosen Einfall, die Milch, wie er es eben zuvor bei den Kälbchen gesehen hatte, direkt aus dem Euter zu saugen, aber Herr Knoblauch hielt das für keine gute Idee.

Sein Argument, dass das Euter schmuddelig sei und wahrscheinlich nicht besonders gut schmeckte, überzeugte Futzi. Schade eigentlich. Ich hätte das echt gern gesehen.

Nun ja, keiner von uns hat es dann geschafft, auch nur einen Tropfen aus der armen Kuh zu quetschen, bevor schließlich der Bauer uns zeigte, wie man es richtig macht.

Da die Kuh aber bereits so gestresst von unseren wilden Melkversuchen war, durften wir es nicht noch einmal versuchen. Trotzdem war der Ausflug alles in allem eine ziemlich gelungene Sache.

Heute hatte sich Herr Knoblauch auch wieder was Handfestes ausgedacht. Er war doch morgens schon vor der Schule in den Fischladen gefahren und hatte einen Batzen Heringe gekauft, um uns die ANATOMIE DER FISCHE näherzubringen.

Die Heringe waren noch komplett und lagen auf einem großen Brett auf dem Lehrertisch. Daneben zwölf Messer und zwölf Holzbretter.

Auf dem Overhead-Projektor (oder „Polylux", wie Herr Knoblauch ihn nannte) lag eine Folie mit einem Bild von einem Fisch. Nur, dass dem die Haut fehlte und man so alle Organe erkennen konnte.

Das Bild wurde in etwa zehnfacher Größe an die weiße Wand hinter dem Lehrertisch geworfen. Der Auftrag war glasklar, auch ohne dass Herr Knoblauch was erklärte.

Die Mädchen kreischten angewidert und auch einige der Jungs sahen nicht besonders glücklich aus. Wir sollten uns nämlich in Zweiergruppen einteilen, die Fische nach Anleitung zerlegen und dabei die Anordnung der Organe dokumentieren.

Mein Partner war Leon, der überhaupt keine Lust hatte, den Hering auch nur anzufassen und daher die Dokumentation übernehmen wollte. Futzi war mit Pia, einer Freundin von Sophie, in einem Team und Sophie sollte zusammen mit Marie arbeiten.

Ich machte mich sofort ans Werk, denn ich hatte das schon oft bei meinem Opa gesehen und wusste genau, was zu tun war.

Zuerst schnitt ich den Hering vom Hintern her in Richtung Kopf auf und entnahm fachmännisch die Organe. Den Magen, den Darm, die Schwimmblase, alles.

Alles wurde sorgfältig auf dem Brett sortiert und von Leon zwar widerwillig, aber doch sehr ordentlich, schriftlich und in Form von Zeichnungen dokumentiert. Nach zehn Minuten war der Job getan und Herr Knoblauch hatte einen sauber ausgenommenen Hering für sein Abendessen.

Futzi und Pia machte die Sache mehr Probleme. Futzi war mit dem Messer im Fisch lange nicht so geschickt wie mit dem Finger in der Nase. Er stocherte so in dem armen Tier herum, dass man am Ende gar nicht mehr erkannte, dass das mal ein Fisch gewesen war.

Was genau Pia da protokollierte, war mir ein Rätsel. Sollte Herr Knoblauch wirklich vorgehabt haben, die Heringe zum Abendessen zuzubereiten, müsste er nun Fischbouletten machen. Ich weiß nicht, wie Futzi das geschafft hatte, aber obwohl jede Gruppe nur EINEN Fisch bekommen hatte, schien seine Fischboulette nun sogar ZWEI Schwänze zu haben ... ?

Sophie und Marie weigerten sich ganz und gar, den Fisch anzurühren. Der Hering lag auch nach fünfundvierzig Minuten noch unversehrt auf dem Brett.

Herr Knoblauch ging kurz vor Stundenende durch die Reihen und blieb kurz an jedem Tisch stehen. Ich vermutete, er wollte abschätzen, ob das mit seinem Hering-Abendessen etwas wird oder er auf dem Rückweg an der Dönerbude anhalten muss. Sophies und Maries Arbeitsverweigerung quittierte er mit einem kurzen Kopfschütteln. Futzis Fisch-Massaker erst mit einem sehr langen Kopfschütteln, dann mit einem Schulterzucken, dann mit einem Hände-über-den-Kopf-zusammenschlagen und schließlich mit einem Hand-auf-den-Mund-legen. Als er sich wieder einigermaßen berappelt hatte und an unsere Bank kam, schaute er erst erstaunt den Fisch und dann mich an.

„Sehr gute Arbeit, Mats und Leon, sehr gute Arbeit", lobte er uns laut. „SO habe ich mir das vorgestellt."

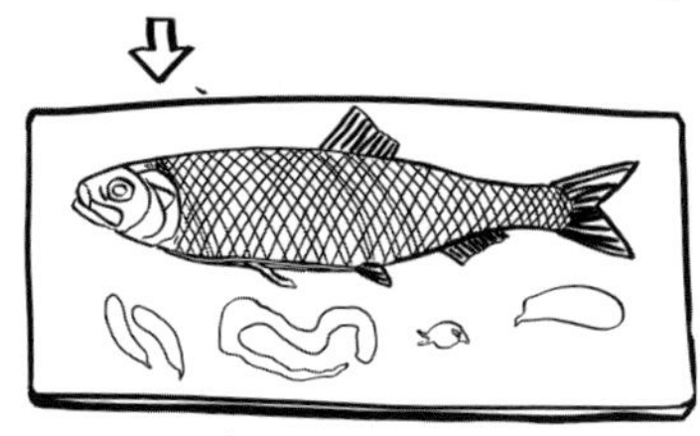

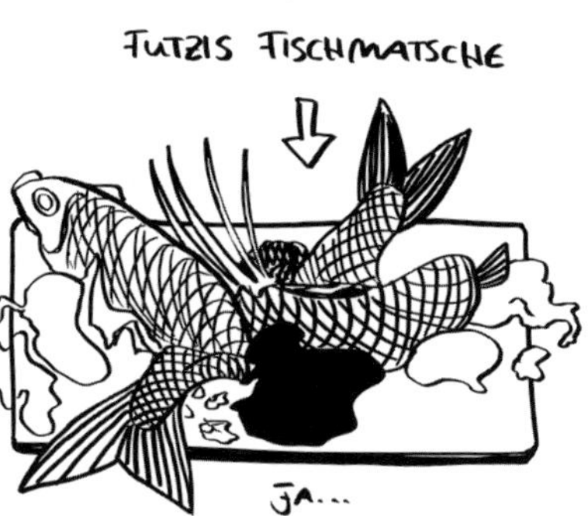

Die Stunde ging zu Ende und ich freute mich immer noch über das Lob von Herrn Knoblauch. Grinsend packte ich meine Sachen in die Schultasche, als ich bemerkte, dass Sophie neben mir stand.

„ECHT JETZT?! DU BIST WIDERLICH!", sagte sie und bevor ich irgendetwas sagen konnte, ging sie aus dem Klassenraum. Sofort fühlte ich wieder diesen Knoten im Bauch. Doch dieses Mal zog er sich so stark zu, dass er sich auch auf dem kompletten Heimweg nicht lösen wollte.

Kapitel 4: OPAS HECHTGESCHICHTE

Der Bus hielt an meiner Haltestelle. Normalerweise brauche ich fünf Minuten bis nach Hause. Heute schaffte ich die Strecke in zwei, denn ich wollte sofort zu meinem Opa, um mit ihm über den Hecht und unseren coolen Angelausflug am Wochenende zu quatschen.

Ich schloss die Tür auf und rannte die Treppe hinauf. Oben riss ich meine Zimmertür auf und feuerte den Schulranzen hinein.

Als dieser mit einem lauten Scheppern landete, war ich schon wieder auf halbem Weg die Treppe runter. Ich wollte mich später um mögliche Schäden kümmern und erst einmal meinen Opa besuchen.

Der wohnt allein in einer kleinen Wohnung in unserem Haus, die man durch einen eigenen Eingang betreten kann. Leider war dieser Eingang verschlossen.

„MIST!"

Obwohl mir eigentlich klar war, dass ich ihn dort nicht finden würde, lief ich in den Hof zu dem Schuppen, in dem mein Opa heute Morgen den Hecht saubergemacht hatte.

Ich riss die Tür auf und starrte hinein. Doch was ich dort sah, war weder mein Opa, noch der Hecht.

Aber ich SAH etwas und das war nicht gut. Ich hätte das nicht sehen sollen. Es fühlte sich falsch an. Und es brannte sich tief in mein Hirn. Das meine ich nicht positiv.

Es war eines von diesen sehr schmerzhaften Brandmalen, wie man es aus Western bei Pferden kennt. Ein Cowboy drückt einem Gaul einen glühenden Eisenstab auf den Hintern und brennt ihm so seine Initialen in die Haut. Ich fühlte mich wie einer dieser armen Gäule, nur dass ich das Branding eben nicht am Hintern bekam, sondern tief, sehr tief, auf der Innenseite meiner Netzhaut.

Es starrten sich sechs völlig verdutzte Augen an. Die ersten zwei gehörten mir und sie wussten gerade nicht, ob sie lieber auf den Boden gucken sollten oder an die Wand oder sonst wohin. Die anderen vier Augen … Na ja, wie soll ich es sagen – habe ich schon erwähnt, dass ich eine große Schwester habe? Nicht? Nun ja, ich habe eine große Schwester. Sie ist fünfzehn und heißt Lena. Lena hat seit kurzem einen neuen Freund.

Das wusste ich zwar bis eben nicht, aber das Gesehene lässt kaum eine andere Interpretation zu. Der Neue hatte eben meiner Schwester so fest die Lippen aufgedrückt, dass er ihr das Blut aus dem Mund quetschte und dieser an den Rändern ganz weiß wurde. Was für ein ekelhaftes Geschlabber. Und das bei MEINER SCHWESTER! Such dir doch ein RICHTIGES Mädchen.

Ohne ein Wort zu sagen, ging ich aus dem Schuppen und ließ die überraschten Knutschenden allein.

Obwohl ich es widerlich, wirklich widerlich, also echt wirklich widerlich fand, meine Schwester knutschen zu sehen, fragte ich mich doch, wie sich das wohl anfühlen würde. Nicht mit meiner Schwester natürlich, aber vielleicht mit Sophie?! Sofort zog und kribbelte es wieder in meinem Bauch. Mann, dieser Knoten nervte vielleicht. Konnte man nichts dagegen machen?!

Ich schlich in mein Zimmer zurück und beschloss erst mal, meine dummen Hausaufgaben zu machen und später noch mal zu meinem Opa zu gehen.

Sechs Uhr abends. Nun musste mein Opa eigentlich zu Hause sein. Die Tür war offen. YES!

„Ooopaaa?", schrie ich hinein.

„In de Stuven!", schallte es zurück.

Ich ging hinein. Mein Opa saß in seinem Sessel vor dem Fernseher, die Füße hochgelegt, die Hände auf der üppigen Plauze verschränkt.

So saß er immer da. Auch wenn er eines seiner vielen und unendlich langen Mittags-, Vormittags- oder Nachmittagsschläfchen machte.

„Wat gevt dat denn, mien Jung?"

Ich sah ihn an und in diesem Moment sprudelten die Fragen nur so aus mir heraus. „Wo ist denn der fette Hecht von heute Morgen? Wie konntest du den eigentlich allein fangen? Und wo hast du ihn gefangen? Also auf dem See, logisch, aber wo genau? Hat er gefightet? Hattest du einen Köderfisch oder einen Blinker?"

„Oh, oh, oh mien Jung. Bliev ma ruhig. Een Fraag na de annern", beruhigte mich mein Opa.

An seinem Gesichtsausdruck erkannte ich, dass er sich bereit machte, die Steilvorlage anzunehmen und mir eine seiner coolen Geschichten zu erzählen.

Mein Opa war der Knaller, wenn es darum ging, Geschichten aus seinem Leben zu erzählen und diese bis aufs kleinste Detail auszuschmücken. Ich bin mir ECHT sicher, dass die Geschichten aus Opas Vergangenheit wirklich passiert sind, aber ich bin mir AUCH ECHT sicher, dass sie sich von Mal zu Mal verändern, um immer interessanter, spannender und dramatischer zu werden.

Ich glaube sogar erkannt zu haben, dass er Filmszenen mit einbaute. Er erzählte mir nämlich mal, wie er meine Oma kennengelernt hatte. Er hatte sich auf einer Party in ein fremdes Mädchen verliebt, das dann holterdiepolter abgehauen ist. Er ist ihr wohl hinterhergerannt und sie hat echt auf dem Heimweg ihren Schuh verloren. Das klingt schon ziemlich nach Märchen, oder?

Und dann setzte er noch einen drauf und meinte, dass er den Schuh mitgenommen und sie überall in der Nachbarschaft gesucht hatte. Als er sie dann endlich gefunden hatte, überführte er sie schließlich anhand der Größe ihrer Füße. Echt jetzt?

Mir war es im Moment völlig Banane, ob er was dazu dichtete. Ich fand Opas Geschichten Hammer. Besonders die Angelgeschichten waren der Burner. Und ich wusste, dass jetzt eine von diesen kam. Grinsend setzte er sich ein wenig auf und fing an zu erzählen, was an diesem Morgen auf dem See passiert war. Mein Opa erzählte, dass er bereits sehr früh zu Hause los gegangen war. Es war sogar noch dunkel gewesen und bei Sonnenaufgang war er mit seinem roten Ruderboot auf den See hinausgepaddelt.

Der See hatte wohl orange-rot geschimmert und die Vögel hatten wunderschön gezwitschert.

Mein Opa nervt ein bisschen, wenn er so quatscht, aber er findet es irgendwie cool, über die Natur zu reden und kommt dann immer richtig ins Schwärmen.

Er war auf die andere Seite des Sees in eine kleine Bucht gerudert, die mit weißen Seerosen bedeckt war. Man hatte Wasserläufer beobachten können, wie sie von einem Seerosenblatt zum anderen rannten und dabei völlig ignorierten, dass sie eigentlich hätten absaufen müssen.

Direkt an dem Seerosenteppich hatte er seine Anker geworfen, die streng genommen keine echten Anker waren, sondern nur zwei mit Wäscheleinen zusammengebundene Ziegelsteine. Einen Anker vorn, den anderen hinten. Dann dreht sich das Boot nicht.

Da mein Opa gut vorbereitet war, hatte er bereits am Vortag Köderfische organisiert. Eine Angel hatte er in die Richtung des offenen Sees geworfen, eine andere direkt an die Schilfkante.

So schwammen bereits fünfzehn Minuten nach Sonnenaufgang zwei große rote Posen auf dem windstillen See, darauf wartend, in die Tiefe gezogen zu werden.

Und das hat wohl auch gar nicht so lange gedauert. Scheinbar warteten die Fische schon auf ihr Frühstück. Nach weiteren zehn Minuten hatte nämlich die Pose an der Schilfkante leicht angefangen zu tanzen. Sie wippte drei oder vier Mal zart auf und ab, bevor sie mit einem wuchtigen Ruck komplett verschwand.

Auch wenn mein Opa sonst eher ein gechillter Typ ist, hatte er die Angel sofort in der Hand und verpasste seinem Gegenüber einen heftigen Schlag, um den Haken zu setzen.

Und dann war es ihm schlagartig klar: Er erkannte, dass er es mit einem echten Brocken zu tun hatte. Sein Gegner fightete heftig und zog wie irre an der Angel. Doch mein Opa ist der Ronaldo unter den Anglern.

Ein Meister seines Handwerks – und so machte er nicht den Fehler zu versuchen, den Fisch auf Biegen und Brechen in Richtung Boot zu zerren. Im Gegenteil.

Er blieb ganz gechillt, stellte die Bremse hinten an seiner Angelrolle so locker ein, dass der Hecht, wenn er volle Pulle zog, etwas Sehne von der Spule nehmen konnte. Doch gleichzeitig so fest, dass er sich jeden Meter wirklich hart erkämpfen musste.

Wichtig war es, den Fisch müde zu machen und dabei zwei Sachen zu beachten: Erstens musste man dafür sorgen, dass die Sehne niemals locker war, denn dann könnte der Fisch den Haken leichter mit einem Kopfschütteln abwerfen.

Und zweitens musste man den Hecht von den Seerosen fernhalten. Würde es ihm gelingen, in den Rosengarten zu flüchten, wäre es fast unmöglich, den Fisch noch ins Boot zu kriegen. Klingt einfach, was? Nun ja, ganz so einfach ist es wahrscheinlich nicht, aber mein Opa ist ein geduldiger Profi und er spielte das Spiel souverän zu Ende. Nach fünfundzwanzig Minuten hatte er den Riesenhecht bis ans Boot herangezogen.

Die Angel in der rechten Hand haltend, schnappte mein Opa mit der linken Hand nach seinem großen Unterfangkescher, den er bereits vor dem Auswerfen der Angeln bereitgestellt hatte.

Der hatte auch ECHT an alles gedacht. Er legte den Kescher leicht geneigt unter die Wasseroberfläche und hob langsam die Angel, sodass der müde Hecht behutsam über den Kescher glitt. Er hatte es geschafft. Der Hecht war besiegt.

Mein Opa hievte den Hecht über die Bootskante und holte ihn aus dem Kescher. Vor ihm lag der besiegte Riesenhecht. WAS FÜR EIN BROCKEN.

Stolz und erschöpft zugleich murkste mein Opa den Fisch fachmännisch ab und angelte anschließend noch eine Viertelstunde weiter. Ich glaube aber, er wollte gar nichts mehr fangen. Er wollte eigentlich nur wieder runterkommen und sich von dem Kampf erholen.

Nun ja, die Fische taten ihm den Gefallen und weigerten sich zu beißen. Also ruderte er nach Hause, wo er mich im Schuppen traf.

Das ist nur die Kurzzusammenfassung. Opas Geschichte zog sich sehr viel länger, denn er erklärte von der Farbe der Seerosenblätter bis zur Form des Apfels, den er zwischendurch gegessen hatte, alles haarklein.

Ich war platt. Das war echt krass. Es schien so einfach, so wie er es erzählte.

„Wann fahren wir am Wochenende los? Auch vor Sonnenaufgang?", fragte ich aufgeregt.

„Ja, dat sölten wi doon."

„Wo fahren wir hin? Auch wieder dort hin?"

„Dat weet ik nu noch nich."

„Angeln wir auch wieder mit Köderfischen? Haben wir Köderfische?"

„Du hest ja nich eenmaal een Angel!", sagte mein Opa plötzlich.

Ich guckte ihn verdutzt an und wusste nicht so richtig, was er von mir wollte.

„Was? Keine Angel? Ich?", stammelte ich.

„Wi moten doch noch een Angel för di torecht maken."

Mein Blick sah wahrscheinlich ziemlich dämlich aus. Ich sagte nichts und schaute ihn weiter fragend an.

„Na, du willt doch ok angeln, oder wat? Dann bruukst du doch een egene Angel."

Ich dachte zwar bis eben, dass ich nur zuschauen würde, wie mein Opa angelt, aber das war natürlich noch besser, viel besser.

„Ja, äh … klar", sagte ich wenig cool, nachdem ich mich ein bisschen berappelt hatte und versuchte mir meine Überraschung nicht anmerken zu lassen. Hatte mein Opa echt vor, mir eine eigene Angel zu geben? Ich würde tatsächlich die Chance haben, am Wochenende MEINEN EIGENEN HECHT mit meiner EIGENEN ANGEL zu fangen? Ich konnte es nicht fassen. Das war der Hammer!

„Dann laat uns ma in de Schuppn gahn", sagte mein Opa abschließend.

Kapitel 5: DER UNSICHTBARE HECHT

Mein Opa quälte sich mit einem lauten Stöhnen aus seinem Sessel. Langsam – mir viel zu langsam – latschten wir hinüber zu unserem Schuppen.

Ich konnte gar nicht anders, als an das ekelhafte Gesabber von vorhin zu denken, das sich hinter dieser Schuppentüre abgespielt hatte. Bah! Pfui Deibel. Egal jetzt, denk an was anderes!

Dort angekommen, wackelte mein Opa auf das klapprige Regal an der rechten Wand zu und holte eine staubige Angelrute herunter. COOL – ER MEINTE ES ERNST!

Die Angel bestand aus zwei schwarzen Teilen, die man zusammenstecken musste und der Griff war aus Kork wie von einer Weinflasche.

„Nich mehr de Neeiste, aver word al gahn", sagte mein Opa.

Ich schnappte mir den Knüppel und legte ihn auf den Tisch. Nun griff mein Opa nach einer blauen Angelrolle. Er glotze sie ziemlich lange an und ich fragte mich, wonach er wohl schaute. Schließlich schien er sie für geeignet zu halten. Auch diese reichte er mir. Ich beäugte sie neugierig wie mein Opa es gerade gemacht hatte, ohne einen Plan davon zu haben, wonach ich eigentlich suchte und legte sie auf den Tisch. Zuletzt kam noch ein schwarzer Angelkoffer mit orangem Deckel dazu.

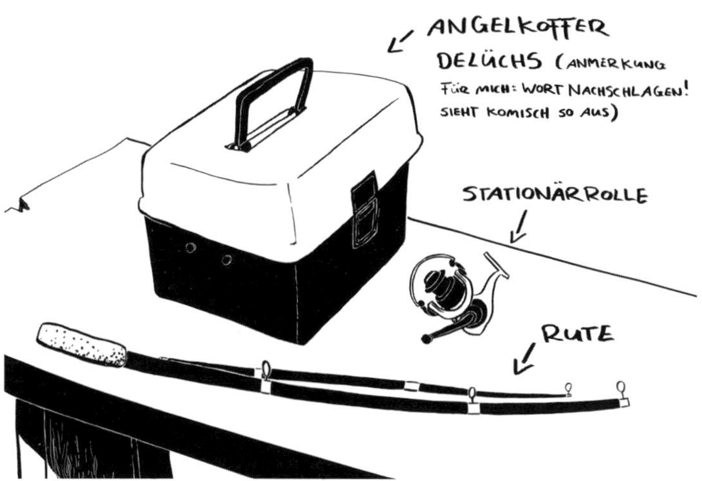

„Af geiht dat, mien Jung“, sagte mein Opa in einem Ton, als ob hier jedem im Schuppen klar sein musste, was nun zu tun war. Mir war es ganz und gar nicht klar.

„Was soll ich denn machen?“, fragte ich mit einem großen Fragezeichen über meinem Kopf.

Mein Opa grinste und erklärte mir nach und nach, was ich zu tun hatte, um meine Angel für die Hechtangelei vorzubereiten. Ich tat, was er mir sagte und siehe da – ruckzuck hatte ich zumindest mal die Rute zusammengesteckt und die Rolle montiert.

„Un nu fangen wi maal een fetten Heekt – een nicht to sehnen“, sagte mein Opa.

„Häh – echt jetzt?“, wunderte ich mich und hatte leise Hoffnungen, dass wir noch an den See gehen würden, obwohl ich das mit dem „unsichtbar“ nicht verstand und mir eigentlich klar war, dass das nur irgendeiner von Opas Scherzen werden würde.

„Nee, Hecht jetzt!“, freute sich mein Opa über seinen Wortwitz, den er sogar fast in Hochdeutsch rausbrachte und klatschte dabei fröhlich in die Hände. „Sett di ma up de Stohl da un holt de Angel as worst angeln.“

Ich tat zögernd, aber neugierig, was mein Opa mir sagte. Der nahm einen Holzlöffel von der Werkbank und steckte ihn mit dem Stiel durch die Plastikrolle der Angelsehne. „Un nu fang an to dreihen!“, befahl er.

Ich fing langsam an, die Kurbel zu drehen. Zuerst klappte der Bügel um und mit jeder Drehung zog sich mehr und mehr Angelsehne von der Plastikrolle auf meine Spule. Mein Opa hielt das andere Ende auf seinem Holzlöffel und die Plastikrolle drehte sich volle Lotte auf dem Löffel. Nun begann er ganz leicht mit dem Daumen gegen die sich drehende Angelsehnenrolle zu drücken.

„Maak de Ogen to!“, sagte mein Opa.
Ich machte die Augen zu und tatsächlich fühlte sich das Aufspulen der Sehne und das Spielen von Opas Daumen an der Angelsehnenrolle an, als würde etwas an meiner Angel ruckeln.

Ein gutes Gefühl. Und dann plötzlich ein starkes Rucken in meiner Angel. Ein Zerren und Biegen.

„EEN HEEKT, EEN HEEKT!", schrie mein Opa plötzlich.

„HAAL HÜM REIN! HAAL HÜM REIN!"

„HECHT JETZT! HECHT JETZT!", freute er sich wieder über das Wortspiel.

* „EIN HECHT! HOL IHN REIN!" MEIN OPA SPRICHT NICHT NUR KOMISCH! ER SCHREIBT AUCH KOMISCH!

Mein Opa drückte mit seinem Daumen nun so fest gegen die Rolle, dass sich meine Angel durchbog und es sich tatsächlich so anfühlte, als würde ich einen dicken Fisch fangen.

Ich kurbelte wie ein Irrer, während mein Opa mit seinem Daumen an der Plastikrolle arbeitete. Nach fünf Minuten hartem Kampf hatte ich meinen unsichtbaren Hecht gefangen und zu meiner Überraschung meine Angelrolle komplett mit Angelschnur bespult.

Nun noch das Vorfach montiert und schon war meine erste Hechtangel fertig und bereit für ihren ersten Einsatz am See. COOL! Ich wäre am liebsten sofort zum See marschiert, aber es war schon spät und morgen war leider wieder Schule (KOTZ). Die Angel fand also leider erst einmal ihren Platz im Schuppen.

Am Abend in meiner Furzmolle dachte ich noch einmal an den zurückliegenden Tag, der echt ganz schön krass gewesen war. Erst morgens der super Riesenhecht, dann das coole Heringsexperiment, Sophies fiese Worte, meine ekelhaft knutschende Schwester, Opas Geschichte und dann noch die neue Hechtangel. Ich war so aufgeregt, als ich an das kommende Wochenende dachte, dass ich kaum einpennen konnte. Leider war es aber erst Mittwoch und es lagen noch zwei lange Tage vor mir.

Doch da wusste ich noch nicht, dass der nächste Tag noch mehr Überraschungen für mich bringen würde und meine neue Angel nicht bis zum Wochenende würde warten müssen, um zu ihrem ersten Einsatz zu kommen.

Kapitel 6: ENGLISCH FÜR ANFÄNGER

ENGLISCH. Ich hasse Englisch. Ich bin kein Sprachtalent. Ich bin generell in wenigen Sachen wirklich gut, aber bei Sprachen erfülle ich nicht einmal den eigenen Anspruch der Durchschnittlichkeit. Und das gilt für alle Sprachen.

In Französisch und sogar in Deutsch geht es mir nicht viel besser. In Englisch kommt nun noch erschwerend hinzu, dass mir unsere Lehrerin Frau Hinterseer – oder wie sie unter den Schülern treffend genannt wird: „Miss Behind-Looker" – gehörig auf den Zeiger geht.

Böse Stimmen packen zwischen „Hinter" und „Seer" noch ein „N" und nennen sie im Englischen Miss Botty-Looker. Und das ist noch die harmloseste Variante dessen, wie sie noch genannt wird (Ms Ass-Watcher).

Frau Hinterseer ist unberechenbar. Ihre Launen sind ätzend. In einem Moment ist sie wahnsinnig gut drauf und erzählt uns von ihrem Urlaub, den Hundewelpen ihres Nachbarn, den neuen Dachziegeln, die gestern geliefert wurden oder einem Beutel Tee und im nächsten Moment tickt sie völlig überraschend und ohne Vorwarnung aus. Die Gründe dafür sind vielseitig und manchmal relativ nachvollziehbar, wie z. B. ein monströses Rülpsen in der letzten Reihe.

Manchmal auch komplett undurchsichtig, wie ein ihr quer-sitzender Furz. Undurchsichtig eben, weil den sieht ja keiner! Wie soll das einer verstehen! Den kann man höchstens riechen oder hören. Wenn er richtig heftig ist, vielleicht auch mal fühlen, aber dann sitzt er ja auch nicht mehr quer.

Wir saßen bereits vor Stundenbeginn auf unseren Stühlen. Leon saß neben mir in der zweiten Reihe. Futzi saß in der ersten Reihe direkt am Lehrertisch. Frau Hinterseer hatte ihn dort hingesetzt, nachdem er ihr weisgemacht hatte, dass er von keinem anderen Platz im Raum das sehen konnte, was auf der Tafel gekritzelt stand.

Futzi war zwar schulisch gesehen nicht die hellste Leuchte im Raum, verfügte aber über genügend Bauernschläue, dass er sich auf diese Weise den begehrten Platz neben Sophie sichern konnte. RESPEKT!

Miss Behind-Looker bewegte sich über den Schulhof auf unseren Klassenraum zu. Wir konnten sie schon durch das Fenster kommen sehen. Es war ein bei uns übliches Ritual, einige Späher an das Fenster zu schicken, die anhand des Gesichtsausdruckes, mit dem sich Miss Behind-Looker über den Schulhof bewegte, abschätzten, mit welcher Laune sie uns gleich begegnen würde.

Die Vorhersage funktionierte erstaunlich gut. Auf jeden Fall besser als der Wetterbericht. Und die Tatsache, dass das erstaunlich gut funktionierte, machte uns wenig Mut für die kommenden fünfundvierzig Minuten.

Miss Behind-Looker sah nämlich aus, als hätte sie schlecht gefrühstückt, sehr schlecht. Die Augen waren weit aufgerissen, ihre Mundwinkel zeigten senkrecht nach unten und ihre Sorgenfalten waren so tief, dass man sicher mehrere Bleistifte hätte dazwischen stecken können, ohne dass diese runtergefallen wären. Die Nachricht über den Zustand ihres Gesichtes machte die Runde und alle saßen stramm auf ihren Bänken, als Miss Behind-Looker in den Raum kam.

„Take your notebooks! We are going to write a test! Dictation and translation – I will read a text in German and you are going to write it down in English. I hope that you have learned all new words that I taught you during the last lessons."

Auch wenn mein Englisch nicht besonders gut war, verstand ich genau, was sie sagte. GAR NICHTS hatte ich gelernt und mir schwante echt nichts Gutes. Ich versuchte, mich an mein Vokabelheft zu erinnern, doch in meinem Spatzenhirn war heute nicht viel zu holen.

Schnell holte ich Heft und Stift heraus und übersetzte, bzw. versuchte zu übersetzen und schrieb, bzw. versuchte zu schreiben, was Frau Hinterseer uns diktierte. Es ging los:

Ein kleiner Vogel sitzt auf dem Baum und singt sein Lied. Plötzlich kommt ein Fuchs vorbei und sagt: „Kleiner Vogel, dein Lied klingt so schön. Doch von hier unten würde dein Lied noch viel schöner klingen."

O M G! Ich hatte echt null Peilung, was die von mir wollte. Vogel? Lied? Klingen? Sollten wir das echt in den letzten Stunden schon gelernt haben?

Während ich so grübelte, entdeckte ich plötzlich einen kleinen braunen Fleck auf Sophies linker Schulter. Wirklich nicht groß und beinahe kreisrund. Der Fleck war mir noch nie aufgefallen. Jetzt fand ich, dass der irgendwie ganz süß aussah. Passte perfekt da hin.

„AAAAHH!!!" – was hatte die Hinterseer gerade vorgelesen? Dieser blöde – äh süße – Fleck hatte mich total abgelenkt. „Konzentriere dich!"

„Warum soll ich dir glauben, schlauer Fuchs? Vielleicht willst du mich nur überlisten und wenn ich hinunterkomme, fängst und frisst du mich."

„Das würde ich nie machen, kleiner Vogel. Ich höre nur so gern dein schönes, dein wundervolles, dein liebliches Lied. Doch leider rauschen die Blätter so sehr, dass ich deine prachtvolle, deine so herrliche und so bewundernswerte Melodie nicht richtig hören kann. Wenn du herunterkommst, kann ich deiner harmonischen und melodischen Stimme viel besser lauschen und den fantastischen und unglaublichen Gesang genießen."

OH MANN – Holy Sh... . Das, was ich bisher zu Papier gebracht hatte, sah ziemlich gruselig aus. Ich hoffte, dass es bald vorbei war.

Schließlich hatte ich Besseres zu tun, als hier rumzuhängen. Ich sollte doch meine Zeit lieber am See verbringen. Lieber meine neue Angel mit einem Köderfisch versehen und voller Spannung darauf warten, dass ein krasser Hecht an meiner Angel hing. Was für ein Hammer-Gefühl müsste es wohl sein, den Hecht an Land zu ziehen. Ich stellte mir gerade vor, wie ich gegen meinen Monsterhecht kämpfte, als mir schon wieder aufging, dass ich mal so überhaupt nicht bei der Sache war. „AAAHHH!!!"

Schnell kritzelte ich noch das hin, was ich glaubte, gehört zu haben.

„Geschmeichelt von den Worten des Fuchses flog der kleine Vogel auf den Boden und fing an zu singen. Noch bevor er richtig begonnen hatte, verschlang ihn der Fuchs mit allen Federn."

Nach einer gefühlten Ewigkeit hatten wir es dann endlich hinter uns und mir war klar, dass das nicht gut ausgehen würde. Was ich zu Papier gebracht hatte, war grausam. Doch dann die Überraschung: Zu meiner großen Erleichterung sammelte Frau Hinterseer die Proben NICHT ein, sondern befahl uns, die Zettel mit unserem Banknachbarn zu tauschen. Puh – nochmal Schwein gehabt! Nicht jedoch, bevor sie extralaut warnende Worte gefunden hatte, die uns ermahnten, die Vokabeln zu lernen.

Als ich den Zettel von Leon bekam und sah, was er geschrieben hatte, war ich umso mehr erfreut, dass Miss Behind-Looker die Zettel nicht eingesammelt hatte. Es unterschied sich doch sehr von meiner Kreation.

Mats
A smalle börd sits on a tree and sings his
lied. Plötzly a fux come and say: „Small
börd, your lied klingt so nice but from
here unten would your lied cling many
nicer." „Why should I glaub you, schlau
fux? Perhaps you want me only over-
list and when I come runter you fang
and eat me." „This would I nie
make, small börd. I hear nur so gern
your nice, your wonderfull, your liebly
lied. And leider rousch the blats so much
that I can not rightly hear your
prachty, your herrly and bewounders-
worth melody. When you come runter
I can hear your harmonic and
melodic stim many better and ge-
ness the fantastic and unglaubly gesang."
Smichled from the words of the fux the small
börd flo on the bode and fing on to sing.
Noch before he right begin the fux had
slucked him with all feders.

Leon

A little bird is sitting on a tree and is singing his song. Suddenly a fox comes along and says: „Little bird, your song sound so nicely. If you sang down here, it would sound even nicer." „Why should I believe you, smart fox? Perhaps you just want to outfox me and if I came down you would going to catch and eat me."

„I would never do that, little bird. I just like to hear your beautiful, your wonderful, your lovely song. Unfortunately, the leaves rustle loudly, so I cannot hear your gorgeous, your magnificent and admirable melody. If you came down, I could listen to your harmonic and melodic voice much better and enjoy your fantastic and unbelievable singing."

Flattered by the fox' words, the bird flew on the ground and got ready to start singing. Before he even started singing the bird was swallowed down by the fox including all the feathers.

Leon nahm meinen Zettel und schaute ihn lange an. Langsam begann er zu schmunzeln. Das Schmunzeln ging erst in ein leises, dann in ein lautes Lachen über.

Das Ganze endete schließlich in einem waschechten Lachkrampf. Ich saß mit rotem Kopf da und es war nur ein schwacher Trost, dass Futzis Probe in Sophies Händen eine ganz ähnliche Reaktion auslöste.

„Was gibt es da zu lachen?!", schrie Frau Hinterseer ganz plötzlich laut los und schaute dabei streng abwechselnd in die Richtung von Leon und Sophie, denen ihr Lachen ganz schnell vergangen war.

„Das ist doch nicht lustig! Das ist traurig! Schlimm genug, dass die beiden so etwas produzieren …" (sie meinte natürlich Futzi und mich und hatte unsere Zettel mittlerweile begutachtet) „… aber darüber zu lachen, finde ich eine Sauerei."

Mit diesen Worten und einer zusätzlichen Warnung, dass es in einer der nächsten Stunden eine ganz ähnliche Probe geben würde, entließ uns Frau Hinterseer in die Pause.

Eine Viertelstunde später standen Futzi und ich auf dem Hof und verspachtelten unsere Pausenbrote, als plötzlich Sophie und Leon neben uns standen.

„Sorry", sagte Sophie zu Futzi mit gesenktem Kopf und ihrer so lieblichen Stimme.

„Dafür, dass wir euch ausgelacht haben", sagte Leon zu mir (mit einer, wie ich fand überhaupt nicht so lieblichen Stimme). Offensichtlich hatten die beiden ein schlechtes Gewissen bekommen (oder den Auftrag von Frau Hinterseer).

Das ist ja eigentlich sehr löblich und man muss es ihnen wahrscheinlich echt hoch anrechnen, doch die Tatsache, dass sich die beiden verbündeten, löste wieder dieses mir schon bekannte unangenehme Gefühl in meiner Magengegend aus.

Ich stellte mir kurz die Frage: „Was hat er, was ich nicht habe?“, aber da ich nach wenigen Sekunden schon mehr als zehn gute Antworten hatte, ging ich dem nicht weiter nach.

„Schon gut“, erwiderte ich kurz.

„Hm, was? Ihr habt uns ausgelacht? Echt?“, fragte Futzi, den Finger so tief in der Nase vergraben, dass diese sich gefährlich nach oben bog. Er hatte es offensichtlich niemandem übel genommen, dass er ausgelacht wurde, wenn er es überhaupt bemerkt hatte.

Da nun alles gesagt war, standen wir uns eine Weile gegenüber und schwiegen uns, den Blick auf den Boden gerichtet, an. Irgendwann wurde die Stille wirklich unangenehm und Leon, der das wohl auch bemerkt hatte, sagte schließlich: „Bleibt es dabei, dass du am Wochenende mit deinem Opa angeln gehst?"

„Ja logisch, ich habe gestern schon meine Hechtangel fertig gemacht. Am Samstag geht's endlich los", antwortete ich wie aus der Pistole geschossen.

Ich war gleich wieder Feuer und Flamme. Kein Gedanke mehr an den Englischunterricht oder an meinen Knoten im Magen. Nur noch Gedanken an das bevorstehende Angelwochenende.

„Ich finde Fische ekelhaft. Die sind schleimig und stinken", meinte Sophie dazu. Ihr niederschmetterndes Urteil ließ meine Vorfreude sofort erlöschen und der Knoten im Magen war sofort wieder da.

„Das finde ich auch. Keine Ahnung, was man am Angeln nur gut finden kann", bestätige sie Leon, der scheinbar vergessen hatte, dass er sich noch gestern für einen großen Forellenangler gehalten hatte. Und als ob das nicht schon reichte, reagierte Sophie auf Leons Worte noch mit einem dieser schmerzhaft schönen Lächeln.

Die beiden waren sich offensichtlich einig und auch froh darüber.

„Ihr könnt aufhören, so blöd zu grinsen. Ich habe es verstanden", dachte ich.

Ich versuchte verzweifelt zu retten, was nicht mehr zu retten war. „Ihr habt doch keine Ahnung. Angeln ist der Hammer. Echt jetzt."

„Finde ich auch", stimmte mir Futzi zu und erfand in DIESEM MOMENT das parallele Zweifingerpopeln. Kein sehr günstiger Moment, wie ich fand.

Die Diskussion war beendet. Wir würden weder Leon noch Sophie von unserer Meinung überzeugen können. Auf der einen Seite der schöne Leon und die schöne Sophie, die beiden Golden Retriever, die Fische ekelig fanden und auf der anderen Seite ein Straßenköter und ein Mops, der eine, der kein Problem damit hatte, widerlich stinkende Fische zu angeln und sogar auszunehmen, der andere, der zwei Finger gleichzeitig bis zum Anschlag in der Nase hatte.

Und beide hatten gerade eine Englisch-Show abgeliefert, die ihresgleichen suchte. Gut, dass uns in diesem Moment die Schulklingel aus der Situation und wieder in unseren Unterricht zwang.

Um das Erlebte zu vergessen, beschloss ich am Nachmittag, auf eigene Faust mein Glück zu versuchen und an den See zu gehen. Ich wollte nicht bis zum Wochenende warten und meine neue Angel ausprobieren. Und vielleicht würde es mir ja gelingen, einen dicken Hecht an Land zu ziehen. Meinen ersten dicken Hecht.

Kapitel 7: MEIN ERSTER ANGELAUSFLUG

Als ich zu Hause angekommen war, flog der Schulranzen wieder mit Karacho in die Ecke. Ich rannte direkt zum Schuppen, um mir meine Angel zu holen. Meine dumme Schwester und ihr Neuer hatten scheinbar nichts aus meinem gestrigen Überraschungsbesuch gelernt und besabberten sich SCHON WIEDER im Schuppen. Wieder schauten mich die beiden mit großen, überraschten Augen an.

Meine Schwester ist gerade in einer schwierigen Phase. Sie war früher schon schwierig, aber das was jetzt mit ihr los ist, übertrifft alles bisher Dagewesene. Pubertät nennt man das dann wohl. Früher konnte ich mit ihr im Garten Verstecken spielen oder Fangen oder sonst irgendwas, aber das geht mit Madam ja alles nicht mehr. Madam zieht es vor, gefühlte sechzehn Stunden am Tag damit zu verbringen, Bilder im Internet zu posten. Und was sie da alles hochlädt. Essen ist ein Klassiker. Echt jetzt! Bilder von Schokomuffins, die sich nicht einmal selber gebacken hat und die sie dann am Ende wahrscheinlich nicht mal aufisst. Mode ist auch so Ding: Ein Pic von einem neuen T-Shirt, dass sie billig auf dem Flohmarkt gekauft hat und mit dem sie nun neue Trends auf dem Weltmarkt setzen will. Ganze Storys macht sie damit und hofft auf möglichst viele Klicks, Likes und Followers.

Früher konnte ich auch mit ihr zusammen ins Bad gehen, aber auch das ist mittlerweile ein absolutes No-Go. Schon klar, dass sie einige schwierige körperliche Veränderungen durchmachen muss, wie ich neulich unschwer erkennen konnte, als ich aus Versehen ins Bad gepoltert bin, während sie in der Badewanne lag. Oh Mann, ich war selbst so überrascht, dass ich eine knallrote Birne bekommen haben muss und daraufhin einige Kommentare fallen ließ, die wahrscheinlich nicht gerade dazu beigetragen haben, dass sie mich wieder ins Bad lässt.

Und der neueste Trend meiner Schwester ist Umweltschutz. Ja, eigentlich sehr löblich. Neulich gab es bei ihr in der Schule so ein Projekt, in dem jeder sein Leben für sechs Wochen so ändern sollte, dass er oder sie etwas Gutes für die Umwelt tut. Der Fall war für meine Schwester sofort klar: Sechs Wochen Vegetarier! Sie, die sich normalerweise nur von Spaghetti Bolognese und Lasagne ernährt. Und jetzt erzählt mir nicht, dass Hackfleisch ja eigentlich kein Fleisch ist! Auf jeden Fall ist sie nun schon seit ein paar Wochen Vegetarier und was soll ich sagen? Wir haben hier echt eine Win-Win-Win-Situation: Erster Gewinner: Meine Schwester, die glaubt, dass sie die Umwelt schützt, weil sie kein Fleisch isst. Zweiter Gewinner: Die Umwelt, die glaubt, dass sie geschützt wird, weil meine Schwester kein Fleisch isst. Und dritter Gewinner: Ich! Ja! Denn ich bekomme nun das Fleisch meiner Schwester, weil meine Eltern immer noch genauso viel einkaufen, wie vorher. Echt super. Ich bin mir nur nicht so sicher, ob die Rechnung wirklich aufgeht.

Na ja, wie gesagt, meine Schwester macht gerade eine schwierige Phase durch und zu dieser Phase gehört dann wohl auch dieser Penner im Schuppen und das ekelhafte Geschlabber.

Als ich sah, was die beiden da machen, würgte ich kurz, versuchte sie aber zu ignorieren und ging an ihnen vorbei zum Regal. Dort schnappte ich meine Angel und verließ den Schuppen cool mit einen lauten „Weitermachen!"...

Auf dem Weg zum See grübelte ich, an welche Angelstelle ich gehen könnte. Zu Fuß konnte man drei Angelplätze ganz gut erreichen.

Der erste war eine Badestelle, wo sich um diese Zeit und bei dieser Hitze wahrscheinlich das halbe Dorf tummeln würde und kleine Nervensägen das flache Wasser anwärmten und gelb färbten – diese Stelle war also ABGELEHNT.

Der zweite Platz war ein kleiner Steg, der in einen Seerosengarten hineinragte. Hier lag auch Opas Ruderboot – dort könnte man es versuchen.

Die dritte Stelle war eine kleine Lücke in einem Schilfgürtel, die die älteren Leute aus dem Dorf manchmal zum Schwimmen benutzten. Und das meistens FKK! Freikörperkultur heißt das, habe ich mir sagen lassen, aber unter dem Strich heißt es NACKTBADEN!

Warum gehen eigentlich alte Leute so gern Nacktbaden? Gerade die haben doch allen Grund, Sachen zu verstecken. Mein Kopfkino sprang ungefragt an und ich stellte mir vor, wie ich hier meine Angel auswarf – AUCH ABGELEHNT.

Also der Angelsteg. Ich freute mich schon darauf, meine Angel in den See auszuwerfen, als ich es bemerkte. Köderfische! Ich hatte keine Köderfische! Mist!

Ohne geht es natürlich nicht. Entschlossen kehrte ich um und ging zurück zum Schuppen des Grauens. Ich riss die Tür auf und ging wieder zu dem Regal, neben welchem meine Schwester wieder oder immer noch aufgefressen wurde.

Ekelhaft. Man sollte meinen, dass man sich an den Anblick gewöhnt, aber es ist tatsächlich immer wieder ekelhaft.

Mein Opa hatte sein gesamtes Angelzeug dort verstaut. Ich schnappte mir eine Stippe und einen kleinen Eimer und ging wieder hinaus.

„Kannst du uns nicht mal in Ruhe lassen, du Penner?!", schallte es mir aus dem Schuppen nach.

„Verschluckt euch nicht!", rief ich zurück.

Ich ging nochmal kurz ins Haus, nahm mir zwei Scheiben Zwieback aus der Verpackung und machte mich erneut auf den Weg zum See.

Zu meiner Überraschung fing es an leicht zu regnen, als ich den Steg erreichte. Zwar war es ein schöner Sommerregen, aber ich fand es trotzdem ätzend. Ich hätte mich echt lieber in die Sonne gesetzt. Na ja, egal.

Bevor ich meine große Hechtangelaktion starten konnte, brauchte ich nun erst einmal einen Anstecker. Easy-peasy – Köderfische zu angeln war nun echt kein Problem für mich. Hatte ich doch schon hundert Mal gemacht.

Ich holte die Stippe aus der Hülle, steckte sie zusammen und wickelte die Sehne ab. Fertig.

Dann nahm ich den Zwieback, matschte ihn ordentlich im Wasser und knetete ihn so lange, bis ich einen schönen Teig hatte. Nun konnte es losgehen. Meine erste Hechtangelei konnte losgehen.

„Dann zieht euch mal warm an, ihr Fische! Jetzt komme ich!"

Ich formte eine erbsengroße Kugel aus dem Teig und steckte sie vorsichtig auf meinen Haken, sodass die Hakenspitze versteckt war.

Ich nahm die Stippe in die rechte Hand und den Haken in die linke. Die Pose schob ich auf der Sehne so hoch, dass sie etwa einen halben Meter über dem Haken saß.

Jetzt im Sommer ging hier überall im See richtig die Post ab und man konnte Plötzen (manche nennen sie auch Rotaugen), Rotfedern, Güstern und Ukelei fangen. Die besten Plätze dafür sind direkt an der Schilfkante oder in der Nähe der Seerosen.

Ich legte die Pose mit Leichtigkeit etwa einen halben Meter neben der Schilfkante ab. Gespannt schaute ich auf die Pose. Ich brauchte unbedingt einen kleinen Köderfisch. Sonst könnte ich den Hecht gleich ganz vergessen. Gott sei Dank zuppelte es schon nach wenigen Sekunden an meiner Pose. Sie wippte leicht nach unten, wanderte ein bisschen nach links. Ich zog. Nichts. Mist! Ich fummelte eine neue Teigkugel auf meinen Haken und legte die Pose an dieselbe Stelle. Wieder brauchte ich nur wenige Sekunden zu warten. Dieses Mal war der Biss viel stärker.

Die Pose verschwand sofort unter der Oberfläche. Ich zog heftig an und spürte sofort ein Ruckeln am anderen Ende der Leine. Ich hatte einen dran. Super! Als ich die Angel nach oben riss, kam mir eine schöne silberne Plötze mit roten Flossen entgegengeflogen.

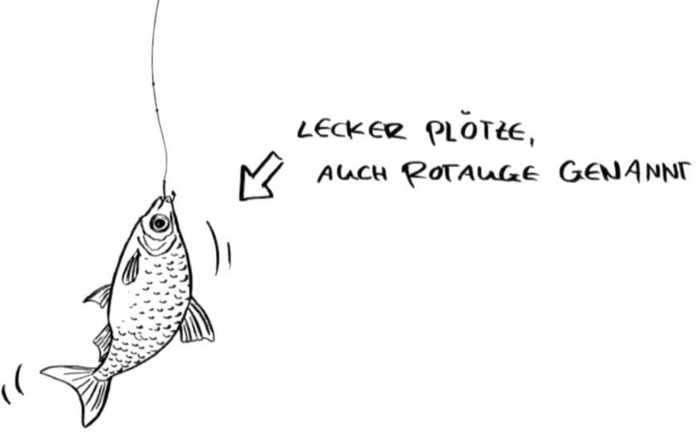

Mit der linken Hand schnappte ich mir den Fisch und löste den Haken mit der rechten. Jetzt kam der unangenehme Teil. Ich musste den Fisch leider abmurksen. Ich hatte das oft bei meinem Opa gesehen und auch schon selber gemacht. Zuerst schlug ich dem Fisch heftig mit dem Messer auf die Rübe. Danach stach ich ihm einmal direkt in Herz.

„Sorry, Plötzchen." Das klingt assig und ist es auch, aber wenn man angeln möchte und die Fische auch essen will, dann muss man da durch.

Jetzt konnte es losgehen. Ich legte die Stippe auf den Steg und griff nach der Hechtangel. Einen Haken des Drillings steckte ich so durch den Rücken des Fisches, dass dieser im Wasser gerade schwamm. Wie ein echter Fisch. Nun ja, ist ja auch ein echter Fisch, aber wie ein LEBENDIGER echter Fisch. „Sorry, Plötzchen."

Ein kurzer Test zeigte, dass der Fisch tatsächlich perfekt im Wasser schwamm. Und nun? Wohin? Wo ist der Hecht? Ich schaute mich um und hatte keinen blassen Schimmer, wo ich hinwerfen sollte. Nichts war zu sehen.

Und es war auch nicht damit zu rechnen, dass gleich ein Hecht aus dem Wasser gucken und mir winkend zurufen würde: „Hierher! Ich bin hier und habe Bock auf deine Plötze!"

Also entschied ich mich, den Köder etwa fünfundzwanzig Meter entfernt direkt neben die Seerosenkante zu pflanzen.

Kein leichter Wurf, weil so ein blöder Ast direkt über den See ragte. In diesem Ast hingen schon so einige Blinker und Posen. Eine glitzernde Warnung, den Wurf nicht zu hoch anzusetzen. Ich nahm die Angel in die linke Hand, zog die Sehne neben der Rolle mit dem Zeigefinger der linken Hand an die Rute und klappte mit der rechten Hand den Bügel der Rolle um. Dann holte ich aus und fixierte die Stelle, an der ich meinen Superhecht vermutete. Mit einem ordentlichen Schwung machte sich die Plötze über das Wasser auf den Weg zu ihrem Zielort. Ich war selbst von mir überrascht, wie gut ich das hinbekommen hatte. Ich traf genau die Stelle, auf die ich gezielt hatte. „Alter, du bist der Hammer", sagte ich mir.

Ich legte die Hechtangel neben mir auf den Steg und angelte zwei weitere Köderfische, die ich erst mal am Leben ließ und in den Eimer setzte, den ich vorher mit Wasser gefüllt hatte. Eine Rotfeder und eine weitere Plötze.

Der See war ganz gechillt. Kein Wind wehte. Der Nieselregen machte kleine Ringe auf der Oberfläche. Ich saß, die Beine baumelnd, auf dem Steg und bekam kurz einen Schreck, als ich merkte, dass meine Hose langsam nass wurde. Erleichtert nahm ich zur Kenntnis, dass der Regen und nicht ich selbst daran Schuld waren. Ein Haubentaucher kam vorbei, um gleich darauf kopfüber in der Tiefe zu verschwinden.

Ich fand es irgendwie ganz cool, hier allein am See zu sitzen und konnte ein bisschen verstehen, warum Opa immer so ins Schwärmen kam, wenn er über die Natur quatschte.

Und dann musste ich auf einmal an Sophie denken. Dieses wunderschöne Lächeln. Was konnte ich verflixt nochmal nur machen, um ihre Aufmerksamkeit zu bekommen? Also positive Aufmerksamkeit versteht sich. Negative hatte ich in den letzten Tagen echt genug. Ich musste mir etwas einfallen lassen. Was könnte ich nur machen? Immer tiefer versank ich in diesen Gedanken, als ich plötzlich herausgerissen wurde.

Die Pose wanderte! MEINE POSE WANDERTE! Nein, das bildete ich mir nicht ein. Ja, sie wanderte wirklich. Meine Pose bewegte sich leicht wippend ganz langsam von der Seerosenkante weg. Hammer! Ich hatte also die richtige Stelle gefunden. Und es musste ein Raubfisch sein.

Meine tote Plötze würde wohl kaum noch so an der Pose ziehen und ein anderer Friedfisch frisst keinen Köderfisch. Mein Herz raste. Es hatte tatsächlich einer angebissen!

Die Pose wanderte immer noch. Sofort griff ich panisch nach der Angel und riss die Angelspitze mit einem gewaltigen Hieb nach oben, um den Haken im Maul des Fisches zu verankern. Ich legte meine gesamte Kraft in den Hieb und spürte – NICHTS! Nichts, wirklich gar nichts. So wenig, dass ich zwei Schritte nach hinten machte und beinahe vom Steg gesegelt wäre. Gerade noch konnte ich mich darauf halten. Als ich wieder fest stand, wurde mir klar, was ich falsch gemacht hatte.

Die Sehne war nicht straff gewesen und daher kam mein Monsterhieb nie auf der anderen Seite an. Ich kurbelte wie ein Irrer, um zu retten, was nicht mehr zu retten war. Ich spürte keine Gegenwehr. DER FISCH WAR WEG!

„Mist! Mist! Mist! Du Vollhonk!" Ich ärgerte mich wie blöde über mich selbst. Nur weil ich vergessen hatte, die Sehne vor dem Hieb straff zu kurbeln, ging mein Kraftakt komplett ins Leere. Ich hatte es versaut und der Hecht lachte mich wahrscheinlich gerade aus und pfiff sich meine schöne Plötze rein.

Immer noch sauer auf mich selbst, kurbelte ich den leeren Drilling rein und bestückte ihn erneut mit einem Köderfisch.

„Sorry, zweites Plötzchen."

Ich hoffte, dass mein Hecht ordentlich Kohldampf hatte und eine zweite Plötze auch nicht verschmähen würde. Zielsicher legte ich meine Pose an dieselbe Stelle, an der ich eben meinen Fehlbiss hatte. Wieder war ich überrascht, wie punktgenau ich die Position traf.

„Mann, du bist echt ein Naturtalent", sagte ich zu mir selbst. Auch ein bisschen, um mir wieder Mut zu machen. Dieses Mal kurbelte ich sofort die Sehne straff und legte die Angel neben mir auf den Steg.

Diesen Fehler würde ich nicht noch mal machen. Inzwischen war der Nieselregen in strömenden Regen übergegangen und meine Hose war schon völlig durchnässt. Die Luft war zwar immer noch warm, aber lange würde ich nicht mehr bleiben können. Meine Gedanken wollten gerade wieder zu Sophie abschweifen, als meine Pose erneut anfing zu tanzen.

„Nicht dein Ernst. Wer hätte das gedacht. Ich bekomme tatsächlich eine zweite Chance", dachte ich.

Der Hecht hatte noch nicht genug. Sofort begann mein Herz wieder zu rasen. Jeder Muskel meines Körpers war mit einem Mal angespannt und zu meinem Entsetzen war ich so aufgeregt, dass auch mein Darm sich meldete.

Gespannt beobachtete ich meine Pose. Natürlich wollte ich nicht wieder zu früh den Hieb setzen. Die Pose wippte ganz leicht auf der Oberfläche, sodass sich kleine Ringe bildeten.

„Schnapp ihn dir! Schnapp dir den Fisch!", sagte ich leise.

Es kostete mich so viel Überwindung, nicht an der Angel zu ziehen und abzuwarten, bis der Fisch den Köder richtig nahm. Es schien eine Ewigkeit zu dauern.

Die Pose wippte weiter sanft auf dem See und dann war es endlich soweit. Der Hecht schnappte sich meinen Köder.

Die Pose zuppelte noch zwei, drei Mal heftig auf und ab, bevor sie nach links wegwanderte und kurz darauf in der Tiefe verschwand. Ich zitterte. Adrenalin schoss durch meine Adern.

Aufgeregt riss ich die Angel hoch, auf der meine Hand bereits die ganze Zeit geruht hatte. Die Sehne war straff und ich versetzte meinem Gegenüber einen heftigen Hieb. Sofort merkte ich, dass der Haken saß. Die Angel bog sich wie ein Flitzbogen. Ich war so aufgeregt, dass sich mein Darm nochmal meldete. Und zwar heftiger als eben. Vor lauter Aufregung musste ich dringend aufs Klo.

„Oh Mann, doch nicht jetzt. Konzentriere dich!"

Der Fisch wehrte sich heftig. Ich konnte die kräftigen Kopfschläge in meiner Angelspitze spüren. Panisch hob ich die Angel an und zog den Fisch so einen guten Meter näher an mich heran. Ich senkte die Angel langsam, sodass die Sehne straff blieb und kurbelte den gewonnenen Meter auf.

„Wenn mir das noch fünfundzwanzig Mal gelingt, habe ich den Burschen am Steg", dachte ich. „Und dann? Was mache ich dann? Wie willst du ihn auf den Steg bekommen? Ich habe keinen Kescher. Mist!" Oh Mann, musste ich aufs Klo. Ich konnte keinen klaren Gedanken mehr fassen. Ein Furz löste sich und brachte zumindest an dieser Front eine kurze Entspannung.

Ganz anders an der anderen Front. Meine Hände schwitzten und zitterten. Ich hob erneut meine Angel, zog den Fisch so näher heran und kurbelte die gewonnene Sehne ein. Wieder spürte ich die heftigen Schläge des Fisches in meiner Angel. Mit dieser Technik gelang es mir, den Fisch bis auf etwa zehn Meter an den Steg zu bekommen. Je näher der Fisch kam, desto größer wurde mein Problem des fehlenden Keschers. Wie sollte ich ihn nur auf den Steg bekommen?

Wieder wollte ich die Angel heben, doch aus irgendeinem Grund ging es dieses Mal nicht. Das war seltsam. Das hatte doch die ganze Zeit gut funktioniert. Ich bekam die Angel keinen Zentimeter hoch. Als hätte ich plötzlich einen Felsbrocken an der Angel.

„Häh, was ist denn nun los?", sagte ich zu mir selbst.

Die Angelspitze ruckelte. Es war also kein Felsbrocken, sondern der letzte verzweifelte Versuch des Fisches, sich nicht von einem Vollhonk, der sich fast in die feuchten Hosen machte, fangen zu lassen. Ich legte alle meine Kraft in die Rute und zog wie ein Irrer. Dann sah ich ihn. Ich hatte den Hecht an die Wasseroberfläche gezogen. Wow! Etwa zehn Meter vor mir sah ich die grünlich schimmernde Seite des wunderschönen Tieres.

Er musste so ungefähr sechzig Zentimeter groß sein. Ein schöner Brocken. Noch immer zog ich an der Angel so fest ich nur konnte. Ich lehnte mich förmlich mit aller Kraft gegen den Fisch. Ein wahres Tauziehen.

Und dann war alles ganz plötzlich vorbei. Mit einer krassen Flucht und einem kräftigen Kopfschütteln (und einem gefühlten lauten Lachen) warf der Hecht den Haken ab und ließ mich wieder fast nach hinten vom Steg fallen. Ich hätte heulen können. Ich hatte ihn tatsächlich wieder verloren. Meinen ersten Hecht. Ich hatte ihn gleich zweimal verloren.

Frustriert, enttäuscht und noch immer mit zitternden Händen saß ich noch zehn Minuten im Regen auf dem Steg, bevor ich meine Angelsachen zusammenpackte und mich auf den Weg nach Hause machte. Noch einen Versuch brauchte ich nicht zu machen. Das war mir klar.

Dieser Hecht würde ganz sicher heute nicht mehr beißen. Der hatte garantiert Zahnschmerzen. Außerdem war meine Hose klatschnass und ich musste dringend mal aufs Klo.

Warum? Warum hatte ich den Fisch verloren? Was hatte ich denn nur falsch gemacht?

Mit diesen quälenden Gedanken ging ich nach Hause und sie nervten mich noch den Rest des Tages und ließen mich am Abend kaum einpennen. Am Wochenende sollte ich den Grund erfahren.

Kapitel 8: ZANDER, FEEL THE ZANDER

„Ich hatte einen dran! Echt jetzt. Ich hatte einen fetten Hecht an der Angel."

Ich musste mich echt rechtfertigen, denn Futzi und Leon zweifelten anfangs an, dass ich die Wahrheit sagte, als ich aufgeregt von meinem gestrigen Angelerlebnis erzählte.

„Ich hatte den Hecht bis auf zehn Meter ran und konnte ihn schon sehen. Doch dann ist das Vieh abgerissen."

„Ist ja cool", glaubte mir Futzi schließlich. „Wann gehen wir mal? Ich will auch mal einen fangen."

„Wir könnten am Sonntag gehen", schlug ich vor.

„Hammer! Yeah!", freute sich Futzi und feierte meine Antwort mit einem ausgiebigen Fortnite Dance.

„Was kann man denn noch so für Viecher aus dem See holen außer einem Hecht?“, fragte Futzi schließlich immer noch tanzend und leicht außer Atem.

Während ich noch nach einer passenden Antwort suchte, wusste Leon plötzlich, dass es in unseren Tümpeln eine Menge Raubfische gibt. Auch wenn er vom Angeln nicht viel hält und auch nicht besonders viel Ahnung hat, kennt er sich ziemlich gut in Biologie aus. Auf jeden Fall besser als ich, muss ich wohl oder übel zugeben.

„Es gibt Flussbarsche. Die werden bis ungefähr einen halben Meter lang.“ Leon zeigte mit den Armen an, wie lang so ein halber Meter werden konnte. „Die sind so grünlich mit schwarzen Streifen auf dem Rücken und roten Flossen. Dann gibt es natürlich Aale. Die sehen ekelhaft aus, wie Schlangen, und werden bis zu einem Meter lang. Und das größte Vieh in unseren Tümpeln ist der Wels. In der Zeitung war neulich echt ein Angler, der einen Dreimeterwels von 150 Kilo gefangen hat. Die Viecher sind echte Monster und denen möchtest du nicht beim Baden begegnen.“

„Noch was?“, fragte Futzi etwas außer Atem, immer noch die Arme schwingend.

„Ja, den Zander habe ich noch vergessen.“

Bei dem Wort „Zander" leuchteten Futzis Augen auf. Er beendete sofort seinen Fortnite Dance, ballte beide Fäuste und streckte die Arme hoch in die Luft. Dann begann er aus vollem Hals zu singen: „Zander, feel the Zander – bumm, bumm, bumm." Das Ganze nach einer bekannten Melodie der Imagine Dragons. „Zander, feel the Zander – bumm, bumm, bumm."

Leon und ich feierten die nächsten Minuten über Futzis Solo-einlage ab, bevor Leon ihn schließlich aufklärte: „Das heißt: Thunder, feel the thunder! Donner, fühl den Donner, du Pfosten!"

Futzi war es völlig Banane. Er sang weiter aus vollem Hals das Zanderlied und erweiterte seine Hitliste in den folgenden Minuten sogar noch um einen weiteren Titel: „Zanderstruck" – von ACDC.

Ein wunderschöner Hitmix, der auch die anderen Kinder im Bus bis zu unserer Ankunft unterhielt. Bevor wir aus dem Bus stiegen, einigten wir uns noch darauf, dass wir alle drei am Sonntag zum Angeln gehen würden. Leon war zwar nicht begeistert, aber durch seinen Vortrag über die heimische Fischwelt und meine Geschichte über den abgerissenen Hecht war er wohl doch neugierig geworden. Futzi war sowieso Feuer und Flamme. Ich musste nur noch diesen einen Freitag überstehen und ein hammermäßiges Angelwochenende würde vor mir liegen.

HEIMISCHE FISCHE:
BARSCH, AAL, WELS (DIE VIECHER KÖNNEN RIESIG WERDEN!)
UND LECKER ZANDER

Kapitel 9: FUTZIS BESONDERER ANGELERFOLG

Wir hatten heute weder Englisch mit Miss Behind-Looker noch Biologie mit Herrn Knoblauch, sondern Deutsch, Mathe und Sport. Alles verlief unspektakulär und ohne größere Vorkommnisse. Sophie ignorierte mich weiterhin, aber das kannte ich ja. Ich war ja schon zufrieden, wenn sie mich nicht „widerlich" nannte. Trotzdem musste ich sie immer ansehen und hoffte insgeheim, dass sie sich auch für mich interessierte.

Was konnte ich nur tun, damit sie mich bemerkte? Vielleicht könnte ich ihr etwas Schönes schenken, dachte ich? Vielleicht einen Blumenstrauß oder etwas selber backen oder basteln? Bei genauerer Prüfung dieser Optionen blieb, wenn überhaupt, eigentlich nur der Blumenstrauß übrig. Meine letzten Versuche als Bäcker und Bastler waren wenig von Erfolg gekrönt. Mein Pfefferkuchenhaus, an dem ich mich an Weihnachten versuchte hatte, wog am Ende acht Kilogramm und sah nach Fertigstellung so gruselig aus, dass nicht mal die Hexe von Hänsel und Gretel hier jemals eingezogen wäre. Außerdem hatte ich, möglicherweise aufgrund leicht fehlerhafter Berechnungen der Einzelbestandteile, die gesamten Vorräte an Mehl und Zucker der Nachbarschaft aufgebraucht und geschmacklich hatte es auch so seine Besonderheiten.

Als Bastler habe ich in einer kreativen Phase versucht, ein Vogelhaus aus zwei Frisbee-Scheiben zu bauen. Eine als Boden und eine als Dach, die durch einen Pfeiler in der Mitte voneinander getrennt waren. Obwohl ich es üppig mit allerlei Vogelleckerlis belud, war das Ding leider am Ende so hässlich, dass sich fortan GAR KEIN Vogel mehr in unserem Garten blicken ließ.

„Weißt du, was echt ein cooles Spiel für die Playsi wäre?", fragte Futzi plötzlich neben mir in der Kabine und riss mich damit aus meinen Gedanken. Ich gehe oft zusammen mit Futzi aufs Klo. Wir haben irgendwie den gleichen Rhythmus.

„Nein, was denn?", fragte ich.

„Wenn man auf der Playsi spielen könnte, wie man Playsi spielt", antwortete Futzi.

„Häh?" Ich konnte Futzis verrückten Gedankengängen wieder einmal nicht folgen.

„Na ja, wenn man spielen könnte, wie man spielt. Man kann ja auch spielen, wie man Fußball spielt oder Basketball. Warum nicht auch, wie man Playsi spielt?"

„Futzi, das ist doch totaler Bullshit, du kannst doch nicht ..."

„Neeeeeiiiiin!“, schrie Futzi plötzlich und ich erschrak so, dass ich fast ins Klo gefallen wäre.

„Was denn? Was ist passiert?“, fragte ich.

„Mein Brille“, antwortete Futzi aufgeregt.

„Was ist mit deiner Brille?“

„Sie liegt im Klo.“

„Was? Warum liegt sie im Klo?“

„Sie ist mir reingefallen.“

„Wie geht das denn? Du sitzt doch drauf.“

„Ich bin … nun ja … ich bin beim … ähm … ich bin beim Popeln abgerutscht und habe sie dabei von der Nase gehebelt. Sie ist genau zwischen meine Beine ins Klo gefallen."

„Mann, Futzi, das schaffst auch nur du. Dann hol sie wieder raus."

„Ich habe nicht nur gepieselt. Ich fürchte, sie liegt da drin. Da fass ich doch nicht rein. Kannst du sie vielleicht rausholen?", schlug er vor.

„Was? Spinnst du? Ich bin doch nicht verrückt! Sollen mir etwa die Pfoten abfaulen?", antwortete ich entsetzt.

„Kannst du sie nicht irgendwie rausangeln? Ich dachte, du bist so ein toller Angler", meinte Futzi provozierend.

„Ich bin ein Angler, aber das ist nicht gerade die übliche Beute. Deine Wurstbrille ist nicht das, was man sich abends in die Pfanne hauen möchte!"

Ich überlegte eine Weile. Die Idee war gar nicht so verkehrt. Man könnte sie rausangeln, ohne sich die Hände an Futzis Exkrementen zu verseuchen und anschließend abwaschen. Aber womit rausangeln?

Und dann hatte ich plötzlich einen Plan!

„Bleib da sitzen, Futzi und bewache deine Brille. Ich bin gleich wieder da", sagte ich entschlossen, obwohl ich mir relativ sicher war, dass Futzis Brille im Klo gut aufgehoben war und keiner sie wegnehmen würde. Ich rannte aus dem Schulklo in Richtung Klassenraum.

Dort angekommen, kramte ich in meiner Federtasche nach Sachen, aus denen man eine Angel bauen könnte. Ich fand eine Büroklammer und einen Radiergummi, die ich für geeignet hielt. Was konnte ich als Sehne benutzen? Ich schaute mich um und an mir herab. Meinen Schnürsenkel? – Niemals! Ich schaute mich weiter um und dann sah ich Frau Hinterseers Wollmütze. Wahrscheinlich selbstgehäkelt.

Wunderschönes Exemplar. Sie hing schon seit Wochen ahnungslos an einem Haken an der Wand. Ich schnappte mir die Mütze und rannte zurück zum Klo. Futzi hatte die Stellung gehalten und brütete immer noch über seiner Brille und dem, wo sie drin lag.

Ich riss einen Faden der Wollmütze durch, entknotete ihn und riss mir etwa einen Meter davon ab. Ans untere Ende des Fadens machte ich eine Schlaufe und knotete diese an die Büroklammer, die ich vorher zu einem Haken mit einer Öse gebogen hatte.

Kurz über den Haken knotete ich den Radiergummi fest an. Der sollte als Gewicht dienen, falls es Futzis Brille bis an den Grund des Klos geschafft hatte.

„Futzi, hier ist deine Angel." Ich reichte ihm die Angel über die Klotür.

„Soll ICH das machen?", fragte Futzi scheinbar überrascht.

„Ja logisch. Ich will mit dem, was da drin liegt, nichts zu tun haben. Ich habe schon viel zu viel gehört."

Futzi nahm die Angel und ich hörte, wie sie auf der anderen Seite der Klotür mit einem BLUBB in den Tiefen der Toilette verschwand. Es folgten Minuten, in denen sich Jubel und Fluchen in Futzis Kabine abwechselten, da die Brille immer wieder vom Haken zu rutschen schien und ihren Weg zurück fand.

Aber irgendwann hatte er sie endlich stabil am Haken.
Mit freudigem Blick kam er aus der Klokabine und zeigte mir triumphierend die ziemlich verschmierte Brille. Dann stolzierte er, die Angel in der Hand und die Hose noch auf Halbmast, auf das Waschbecken zu. Er fluchte, weil es kein heißes Wasser gab, dann setzte er sich die Brille wieder auf die Nase.

Futzi hatte also soeben seinen ersten Angelerfolg gehabt. Zwar etwas anders als die meisten Jungen in seinem Alter, aber er war darüber genauso froh und stolz, wie andere über ihren ersten Hecht!

FUTZI, DAS AUSNAHMEANGLERTALENT

Kapitel 10: EINE ÜBERRASCHENDE BEGEGNUNG

Ich wollte noch einmal mein Angelzeug checken. Am nächsten Morgen sollte es ja schließlich losgehen und ich hatte echt keinen Bock, wieder einen Fisch zu verlieren, nur weil dieses Mal vielleicht irgendwas mit meiner Angel nicht stimmte. Also überließ ich nichts, aber auch gar nichts dem Zufall.

Die Stippe in der Hand schaute ich, ob alles passte. Sehne, Pose, Blei, Haken. Alles cool. Jetzt die Rollangel. Stopperknoten, Perle, Pose, Blei, Stahlvorfach, Drilling. Perfekt. Sie lag so gut in der Hand. Fühlte sich gut an. Ich wollte sie am liebsten sofort in den See werfen.

Da das zeitlich leider nicht mehr drin war, beschloss ich, auf der Wiese wenigstens noch ein bisschen das Auswerfen zu üben. Wenn ich bei meinen Schulaufgaben genauso motiviert wäre, hätte ich sicher nicht so viele Probleme. Gerade in Englisch.

Im Nachhinein betrachtet muss es ein komischer Anblick gewesen sein, mich bei meinen Trockenübungen zu beobachten. Aber es machte einen Höllenspaß und ich konnte es echt erstaunlich gut. War wohl gestern doch kein Glück.

Wohin ich auch zielte, ich schaffte es fast immer, das Blei auf den Punkt genau abzulegen.

Ich traf den Baum, auf den ich zielte, erwischte einen dunklen Fleck auf dem Rasen und bombardierte punktgenau einen Maulwurfhügel.

Ich schien tatsächlich ein Talent an mir entdeckt zu haben. Und das, wo ich doch sonst nichts wirklich gut konnte.
Nun ja, mit dem Talent, ein Blei auf einen Maulwurfhügel zu feuern, wird man sicher nicht Millionär, Superstar oder Germany's next Topmodel, aber ich war trotzdem hochzufrieden mit mir. Und wer hätte das gedacht?

Das neu entdeckte Talent sollte sich wenige Minuten später tatsächlich noch bezahlt machen. Auf dem Heimweg kam ich nämlich an einem Haus vorbei, in dessen Vorgarten zwei Jungen Fußball spielten. Nun ja, eigentlich spielten sie nicht. Sie heulten. Weil sie nicht mehr spielen konnten. Sie hatten es irgendwie hinbekommen, ihren Fußball hoch oben in einen Ahornbaum zu schießen.

Dort hing er in einer Astgabel fest. Und unten standen die beiden heulenden Rotzlöffel, die sich gegenseitig die Schuld an ihrer Situation gaben, und deren ratlose Oma.

„Kann ich ihnen helfen, Frau Schmidt?", fragte ich selbstbewusst. Ich war eigentlich gar nicht so selbstbewusst, aber irgendwie fühlte ich mich gerade ziemlich stark, weil ich DER BESTE BLEI-AUF-MAULWURFHÜGEL-FEUERER EVER war. Frau Schmidt kannte ich natürlich auch, weil sie ja nur ein paar Häuser weiter wohnte. Ich kannte sie sogar besser als ich wollte, denn sie war eine von denjenigen Alten, die sich im Sommer an der FKK-Stelle zur Schau stellten und da hatte ich schon Sachen von ihr zu sehen bekommen, die über eine reine Nachbarschaftsbeziehung hinausgehen (WÜRG).

Und ich kannte natürlich auch ihre beiden Enkel Justin und Kevin, die ich eigentlich für ziemliche Rotzlöffel hielt.

„Ich wüsste nicht wie", antwortete Frau Schmidt. „Der Ball hängt da oben drin, aber den kriegst DU auch nicht runter."

Beflügelt von meinen Superwürfen auf der Wiese fühlte ich mich herausgefordert. Entschlossen nahm ich meine Angel und stellte mich in Ronaldo-Pose so unter den Baum, dass ich eine freie Linie zum Ball hatte. Ich holte aus, fixierte mit meinen Augen den Ball, schleuderte das Blei schwungvoll in die Richtung der Pille und – peng – mein Gewicht traf den Ball, sodass dieser zu Boden fiel. Sofort rannten Justin und Kevin, die undankbaren Gören, zu ihrem Spielgerät, schnappten sich die Pille und waren über alle Berge. Frau Schmidt war sichtlich beeindruckt und dankte mir meine Tat mit einem großen Stück Käsekuchen.

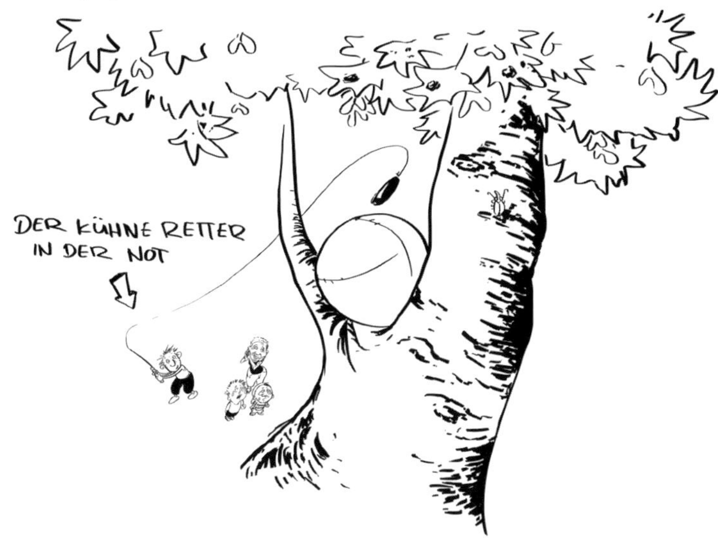

Ich stolzierte grinsend mit dem Mund voller Käsekuchen aus dem Garten, als ich plötzlich bemerkte, dass Frau Schmidt nicht die einzige Person war, die ich beeindruckt hatte. Auf der anderen Straßenseite stand sie und beobachtete mich. Und sie lächelte. Dieses bezaubernde Lächeln. Ich sah nach links und rechts. Nur um sicher zu gehen, dass es nicht jemanden traf, der hinter oder neben mir stand. Aber da war niemand. Es traf tatsächlich MICH. Es war Sophie.

„Das war nett von dir, Mats“, sagte sie mit ihrer lieblichen Stimme.

Ich stand nur stumm da, die Angel in der einen Hand, den Teller mit dem angebissenen Stück Käsekuchen in der anderen.

„Echt nett, dass du den kleinen Jungs und der alten Frau geholfen hast. Und echt cool, wie du das mit der Angel gemacht hast. Ich wusste gar nicht, dass das damit geht.“

„Habe ... ähm ... viel geübt", stammelte ich. Plötzlich war ich gar nicht mehr so cool. „Mmmöchtest du ein Stück Käsekuchen?", fragte ich aus Verzweiflung, weil mir nichts Besseres einfiel. Ich reichte ihr den Teller mit dem Stück und erschrak fast zu Tode, als ich den angefressenen Käsekuchen entdeckte. Ich wurde knallrot, bereute mein Angebot und wollte eigentlich nur noch wegrennen. Zu meiner Überraschung NAHM sie den Teller.

„Wollen wir uns irgendwo hinsetzen?", fragte Sophie.

„Klar ... ähm ... gern", antwortete ich unbeholfen.

Wir setzten uns unter einen Apfelbaum ins Gras und begannen, den Käsekuchen zu essen. Und dann plauderten wir. Na ja, eigentlich plauderte Sophie und ich antwortete einsilbig. Mal ein „Ja", mal ein „Nein", mal ein „Warum?" oder ein „Wie?". Gerade so viel, um keine Stille entstehen zu lassen. Sophie redete über alles Mögliche.

Ich erfuhr, dass sie nur zufällig hier war, weil sie auf ihre Mutter wartete, die einen Arzttermin bei uns im Dorf hatte. Ein echt super Zufall, wie ich fand. Sie redete über die Schule, über Herrn Knoblauch und den Biologieunterricht, über Frau Hinterseer und den Englischunterricht. Und über ihre große Schwester, die wohl einen neuen Freund hatte.

Ich sagte nichts, obwohl ich mit meiner Knutsch-Story sicher hätte punkten können. War mir echt zu heikel, mit Sophie über das Knutschen zu quatschen.

Und dann redete sie plötzlich von Leon. Ich stellte die Ohren auf. Sie mochte ihn scheinbar, aber sie schwärmte auch nicht gerade in höchsten Tönen von ihm. Hatte ich vielleicht doch eine Chance? Begeistert war ich von der Tatsache, dass sie ihn manchmal langweilig fand, weil er immer so perfekt sein möchte.

Ja, perfekt war ICH nun wirklich NICHT! Keine Sorge! Vielleicht war das ja meine Chance?! Ich hätte ewig sitzen bleiben können, aber Sophie musste irgendwann los. Beim Abschied warf sie zur Abwechslung mal MIR eines ihrer bezaubernden Lächeln zu. Ein grandioses Gefühl und ein mehr als gelungener Einstieg in ein grandioses Wochenende.

Kapitel 11: LOS GEHT'S

ENDLICH! ES WAR SO WEIT!

Der Tag war endlich gekommen. Mit meinem Opa hatte ich gestern schon ausgemacht, dass wir um 6 Uhr losfahren. Als mein Wecker dann um 5.30 Uhr klingelte, war ich noch wie gebrettert, weil ich abends voll aufgeregt gewesen war, sodass ich nicht einpennen konnte.

Ich brauchte aber trotzdem nur ein paar Sekunden, bis mir klar wurde, dass es jetzt zum Angeln geht und sofort war die Müdigkeit wie weggeblasen.

Ich zog mit Schwung das Rollo hoch und schaute hinaus. Die Sonne schimmerte schon am Horizont. Es schien ein super Tag zu werden.

„Hammer Wetter – geil", dachte ich.

Ich zog meine Klamotten an und rannte schnell hinunter zu meinem Opa. Der saß gemütlich am Frühstückstisch und schlürfte seinen Kaffee.

„Moin, moin, mien Jung. Alls in Lot up dat Boot?"

„Alles in Butter auf'm Kutter", antwortete ich.

„Fröhstück?", fragte mein Opa.

„Frühstück!", bestätigte ich.

Obwohl ich vor Aufregung kaum Hunger hatte, haute ich mir ein Brötchen mit Marmelade und eines mit Schokocreme rein.

Mein Opa füllte seinen Proviantkorb mit reichlich Futter, denn wenn kein Fisch beißen sollte, wollte er sich wenigstens mit einem guten Frühstück, einem noch besseren zweiten Frühstück und mit einem kleinen Brunch den Vormittag vertreiben, bevor er zum Mittagsmahl überging.

„Geiht dat los?", fragte mein Opa, nachdem alles verstaut war.

„Los geht's!", antwortete ich.

Kurz darauf gingen mein Opa und ich, unsere Rucksäcke auf den Rücken geschnallt und die Angeln lässig über die Schulter gelegt, durch den kleinen Buchenwald, der zwischen unserem Dorf und dem See lag.

Es klingt vielleicht schnulzig, aber es war echt cool hier draußen am frühen Morgen. Die Sonne schien leicht durch die Blätter, kleine Wassertropfen glitzerten auf den Grashalmen und ein ganz leichter Nebel lag dicht über dem Boden. Echt ein Hammer-Anblick, den man sonst nie hat, weil man entweder auf dem Weg zur Schule ist oder am Wochenende noch pennt.

Im Gegensatz zu unserem Dorf, das noch komplett zu schlafen schien, ging hier im Buchenwald schon richtig die Post ab.

Die Vögel krakeelten um die Wette und ein Eichelhäher wurde nicht müde, unser Kommen schon früh allen Waldbewohnern aus vollem Halse mitzuteilen. Ich musste grinsen, als ich einen blauen Mistkäfer am Wegesrand sah.

Meine Mom und mein Dad erzählten nämlich zu verschiedensten Gelegenheiten immer wieder die Story, dass ich als zweijähriger Knirps mit blauverschmiertem Mund aus dem Wald gerannt kam. Was sie erst für ein Bonbon hielten, entpuppte sich als waschechter Mistkäfer, den ich mir damals reingepfiffen hatte.

Es wäre schon ekelig genug, wenn man das mit einem Marienkäfer machen würde, aber wenn man bedenkt, woher der Mistkäfer seinen Namen hat und was der so hauptberuflich macht, ist das echt ekelhaft. Naja, was mich nicht umbringt, macht mich stärker.

Der See lag ganz gechillt da. Es war total windstill und auch hier schwebte Nebel über dem Wasser. Niemand war hier, nur mein Opa, ich und hoffentlich viele fette Hechte, die Bock auf ein schönes leckeres Frühstück hatten.

Wir gingen auf den Steg, auf dem ich zwei Tage vorher zu dämlich gewesen war, meinen ersten Hecht zu fangen. Bei diesem Gedanken hätte ich mir wieder selbst in den Hintern beißen können.

Ich sprang in den Ruderkahn und nahm meinem Opa das ganze Zeug ab. Der flitzte (wenn man das so nennen kann) noch einmal vom Steg und kam zwei Minuten später mit den Rudern wieder.

Ich steckte die Dollen in die kleinen Löcher und nahm ihm die Ruder ab. Dann kam mein Opa etwas unbeholfen in den Kahn gestolpert und setzte sich wortlos auf die hintere Bank. Das bedeutete wohl, dass ich rudern sollte.

„Nun gut, kann ich schon machen", dachte ich mir. Schließlich war ich ein relativ guter Ruderer und hatte das schon ein paar Mal gemacht. Ich knotete das Boot vorn ab, mein Opa hinten. Schon schwamm der Kahn frei im Wasser. Ich steckte die Ruder auf die Dollen und fing an, langsam vom Steg wegzurudern.

„Wohin fahren wir denn?", fragte ich neugierig.

Mein Opa scannte den See.

Ich hatte keine Ahnung, was er zu sehen hoffte.

„Wonach suchst du denn?", fragte ich.

„Of enerwaar een Fiss jaagt."

„Kann man sehen, wenn irgendwo ein Fisch jagt?"

„Nich immer, aver mitunner woll!"

„Daarhen, wi juckeln daarhen“, sagte mein Opa plötzlich wie aus der Pistole geschossen und deutete mit dem Zeigefinger aufgeregt auf einen Schilfgürtel auf der anderen Seite des Sees. Ich schaute fragend in die Richtung, in die er deutete. Was hatte er nur gesehen? Waren da tatsächlich irgendwelche Fische?

„Hast du etwas gesehen? Jagt dort ein Hecht? Was soll ich machen?“, fragte ich gespannt. Ich war bereit, mit Vollgas über den See in Richtung der Hechte zu heizen.

„Nee, nee, mien Jung. Blot so een Geföhl“, sagte mein Opa zu meiner Überraschung nun plötzlich mit einer ganz gechillten Stimme. Dann setzte er sich auf die Bank, legte die Hände auf seine dicke Plauze und schloss die Augen.

„Blot so een Geföhl …“, gähnte er nochmal hinterher.

Ich raffte es nicht. Was war das denn nun wieder? Nur so ein Gefühl?! Was denn für ein Gefühl?? Schließlich begann ich, unser Ruderboot auf die andere Seite des Sees zu bewegen.

„Angel her!“, kam auf einmal das Kommando. In der Mitte des Sees wurde er plötzlich wieder wach und befahl mir, ihm das Angelzeug zu reichen.

Sollte es nun endlich losgehen? Ich tat, was mir befohlen wurde. Neugierig beobachtete ich ihn, wie er sorgfältig die Angeln fertigmachte. Er packte meine und zwei weitere Angelruten aus und steckte sie zusammen. Er fädelte die Sehnen durch die Ringe und knotete jeweils ein Hechtvorfach an. So wie ich es gelernt hatte: Stopperknoten, Perle, Pose, Blei, Stahlvorfach und Drillingshaken.

Er testete die Bremsen der Rollen und stellte diese so ein, dass man mit relativ viel Kraft etwas Sehne von den Spulen ziehen konnte. Er legte alle Angeln an die Seite und bereitete anschließend den großen Unterfangkescher vor. Alter Schwede! Der stank vielleicht. Immer noch nach dem Hecht vom Mittwoch. Der Kescher wurde außer Riechweite hinter Opas Sitzbank verstaut.

Nun griff mein Opa in die Bootskiste und holte ein kleines Metallgestell heraus, um das ein Netz und eine Wäscheleine gewickelt waren. Er wickelte alles ab, klappte das Gestell auseinander und spannte das Netz hinein.

Die Wäscheleine war oben am Gestell verknotet. Eine Senke. Ich kannte dieses Teil und wusste, dass man damit Köderfische fangen konnte.

„Anhollen!", hieß das nächste Kommando.

Ich fragte mich, warum ich ausgerechnet hier, fast in der Mitte des Sees, anhalten sollte, drückte aber sofort die Ruder ins Wasser, um das Boot zu stoppen. Was hatte er denn nun vor? Hier gab es doch nichts zu holen. Die Fische sind doch normalerweise am Schilf oder an den Seerosen.

„Emmer ut de Kist!", sagte mein Opa und warf die Senke ins Wasser. Das Ende der Wäscheleine behielt er in der rechten Hand. Ich griff nach dem Eimer und beobachtete, wie die Senke in der Tiefe verschwand.

Das dauerte nicht besonders lange, denn im Sommer ist der See nie sonderlich klar. Die Senke erreichte sehr schnell den Boden. Es konnte hier höchstens zwei Meter tief sein, obwohl wir in der Mitte des Sees waren. Gebannt schaute ich in die Tiefe. Nichts passierte.

Mein Opa hatte echt eine Engelsgeduld und wartete eine gefühlte Ewigkeit. Wir warteten. Mit einem Mal zog er dann ganz plötzlich mit einem harten Ruck an der Leine. Mit einem Affenzahn bewegte er die Senke in Richtung Oberfläche.

Ich traute meinen Augen kaum, als ich sah, was da nach oben kam: Das Netz war prall gefüllt mit kleinen Barschen und einigen kleinen Rotaugen. Insgesamt bestimmt fünfundzwanzig Fische.

Mein Opa kannte den See scheinbar besser als ich und wusste, dass es an dieser Stelle sehr flach war und dass sich hier viele kleine Fische tummelten.

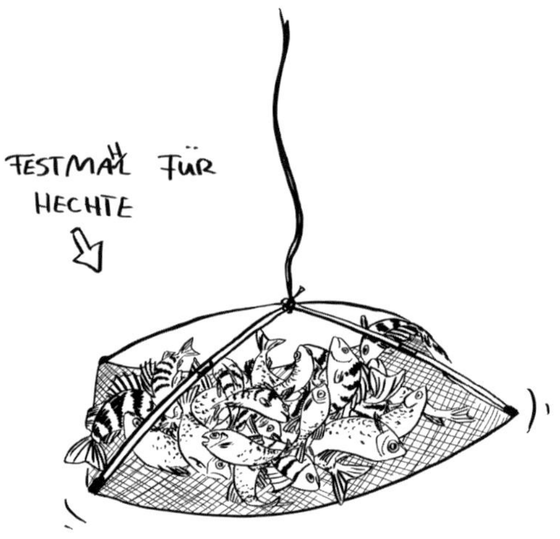

Ich fragte mich ernsthaft, warum ich JEMALS mit meinem Opa zum Köderfischangeln gefahren bin, wenn man die hier nur einzusammeln brauchte.

Wir nahmen zehn Fische, die wir als geeignet befanden, von der Senke und setzten sie in den wassergefüllten Eimer. Die anderen Fische wurden begnadigt und wieder in den See gesetzt.

„Dat geiht ja al good los", sagte mein Opa, der offensichtlich auch überrascht war, dass das so gut funktioniert hatte.

„Un nu daarhen!", zeigte er an. Nach zehn Minuten stoppten wir den Kahn nur drei Meter von der Schilfkante entfernt. Wir waren bereit! Ich war bereit!

Die Angeln wurden nacheinander mit Köderfischen bestückt und den Hechten auf den Frühstückstisch gelegt.

Es war also endlich so weit. Der Moment, auf den ich die letzten Tage gewartet hatte, war endlich gekommen. Gleich würde ich bestimmt meinen ersten Hecht fangen. Gleich. Ganz bestimmt.

Kapitel 12: GEDULD ZAHLT SICH AUS

Aber jetzt hieß es warten. Und das war echt nichts für mich. Langeweile pur schon nach wenigen Minuten. Ich schaute ungeduldig auf die Posen und je länger ich darauf schaute, desto mehr bildete ich mir ein, dass sie sich bewegten.

Aber sie bewegten sich nicht. Es passierte GAR NICHTS. Und das nicht nur für Minuten, sondern für Stunden!

Da halfen auch Opas „Früher-war-alles-besser-Geschichten" aus seiner Jugend nicht. Als er von seinen Streichen als junger Mann erzählte, fand ich das ja noch ganz lustig. So erzählte er unter anderem, dass er mal mit einem Freund einen Urlaub gemacht hatte und dieser die Frechheit besaß, sich jeden Morgen über die Härte des Frühstückseis zu beschweren.

Es war ihm wohl zu hart und er wollte es genau 6 Minuten lang gekocht haben. Mein Opa kochte das nächste Ei dann genau 55 Sekunden. Ihr könnt euch sicher denken, wie das endete. Als er aber in einer anderen Geschichte plötzlich meinte, dass er mal eine Freundin mit roten Zöpfen hatte, die zusammen mit einem Pferd und einem Affen in einer bunten Villa wohnte, hatte ich echt keine Lust mehr, ihm zuzuhören.

Gut, dass es für solche Momente der puren Langeweile Futzi und das Handy gibt. Eine kurze Sprachnachricht an meinen Freund und schon wurde ich mit lustigen Video-Clips, wie dem niesenden Panda-Baby und dem Affen, der sich am Hintern kratzt, dann an seinem Finger riecht und anschließend betäubt vom Baum fällt, versorgt.

„Sollen wir mal nachsehen, ob der Köder noch dran ist?", fragte ich schließlich, um mal ein bisschen Abwechslung in die Sache zu bekommen.

„Nee, de Köder is noch dran", entgegnete mein Opa gelassen. IHM schien die Ruhe nichts auszumachen. Im Gegenteil. Er schien sie zu genießen. Er saß, die Arme auf seiner dicken Plauze verschränkt, da und schaute auf den See. Ab und zu schloss er die Augen und man konnte hören, wie seine Atmung immer lauter wurde.

Das Ganze endete nach einigen Sekunden in einem gewaltigen Schnarchgrunzer, durch den er selbst geweckt wurde. Dieser Zyklus wiederholte sich einige Male. Und wenn er nicht da saß und döste, dann futterte er.

Er verspachtelte seine und (ohne zu fragen!) auch meine Brötchen. Dazu einen Apfel, eine Tafel Schokolade, einen Joghurt und zwei dicke fette Bockwürste aus dem Glas. Ekelhaft.

So verbrachten wir unseren Vormittag auf dem See. Ich war echt frustriert. Es war eine einzige Enttäuschung. Ich hatte mir doch so viele Hoffnungen gemacht, heute meinen ersten Hecht zu angeln und nun das.

„Wollen wir nach Hause fahren?", fragte ich schließlich entmutigt. Mein Datenvolumen war nach dem letzten Clip von Futzi, der einen Papageien zeigte, der im Gangnam-Style tanzte, leider fast am Ende und ich hatte nun echt keine Geduld mehr.

„Es beißt doch heute sowieso nichts mehr."

„Nich so ungedüldig, mien Jung. Mitunner düürt dat even un ok wenn wi nix fangen, so is dat doch een feiner Dag up de See."

Ich fand das überhaupt nicht schön. Wenn wir nichts fangen, ist es verschwendete Zeit!

„Noch een Stünn, ja? Denn fahren wi na Huus", lenkte mein Opa schließlich ein, weil er wohl gemerkt hatte, dass ich nicht mehr so richtig Bock auf die Angelei ohne Aussicht auf Erfolg hatte.

Nun gut, mit dieser Stunde konnte ich leben.

Ich beschäftigte mich damit, die Viecher zu beobachten, die hier so rumkrabbelten. Es flogen zwei Libellen im Huckepack auf unser Boot, bevor es weiter in den Schilfgürtel ging.

Eine Entenfamilie kam vorbei und schaute, ob es bei uns etwas zu futtern gab. Leider ohne Erfolg.

Mein Opa meinte dazu, die würden die Fische verscheuchen, wenn wir sie fütterten. Welche Fische denn bitteschön?! Ich schätzte, dass er einfach nichts von seinem Essen abgeben wollte. Wenn es noch was gegeben hätte.

Wenn ich richtig mitgezählt hatte, hatten wir sowieso nur noch ein paar dicke Bockwürste übrig und ich weiß nicht so recht, ob das das Richtige für ein paar Entenküken ist.

Ein Haubentaucher war auf Beutezug und tauchte mal hier und mal dort auf und ab. Ich sah sogar einen Eisvogel und mein Opa meinte, ich hätte Riesenglück, ihn zu sehen, weil die nämlich sehr selten sind. Na super. Was für ein Glück. Ein kapitaler Hecht wäre mir heute deutlich lieber gewesen.

„Na good, wi packen tosamen", sagte mein Opa endlich nach einer gefühlten Ewigkeit und rappelte sich ein wenig auf. Er nahm die Angel, die am Schilfgürtel lag und kurbelte diese rein.

Der Köderfisch war überhaupt nicht angerührt worden. Genauso sah es mit der zweiten Angel aus. Nicht mal angeknabbert. Meine Pose schwamm immer noch regungslos an der Stelle, an der sie heute Morgen hingelegt wurde.

Ich hatte total das Interesse verloren und mir war es völlig Banane, dass mein Opa auch meine Angel reinkurbelte. Ich saß nur da, hatte den Kopf auf meinen Arm gelegt und starrte in das dunkle Wasser.

Und dann geschah etwas, womit sowohl mein Opa als auch ich nicht mehr gerechnet hatten:

„Ik hebb eenen dran!", schrie mein Opa plötzlich. „Ik hebb eenen!"

Ich sprang auf und mir schoss das Adrenalin in die Adern. Wie konnte das denn sein? Wir wollten doch einpacken! Mein Opa stand im Kahn und hielt die Angelrute nach oben. Die Rutenspitze bog sich wie ein Flitzebogen.

„Soll ich was machen? Was soll ich machen? Kann ich was helfen?", fragte ich aufgeregt und stolperte dabei über eins der Ruder, sodass ich fast ins Wasser flog.

„Iss een Goder. Maak dat Nett torecht!", befahl mein Opa mir, den Kescher fertig zu machen.

„Ist es ein Hecht? Hing der schon die ganze Zeit an der Angel? Soll ich ihn reinkurbeln?", fragte ich verwirrt und rummste dabei erst volle Kanne mit dem Knie gegen die eine Bordwand und dann mit dem Rücken gegen die andere.

„Blieb doch ma ruhig, mien Jung. Nee, de hett even anbeten", antwortete mein Opa. Die Antwort auf die anderen Fragen blieb er mir schuldig.

In diesem Moment knarrte die Bremse los und der Fisch nahm sich einige Meter von der Spule. Er machte ordentlich Rabatz an der Angel, aber mein Opa hatte alles fest im Griff. Er zog den Fisch behutsam mit der Rute heran und kurbelte die gewonnene Sehne ein.

Wenn der Fisch eine Flucht machen wollte, so ließ ihn mein Opa in Ruhe und achtete nur darauf, dass er nicht ins Schilf schwamm.Man sah das Rucken des Fisches in der Rutenspitze.

Es sah so easy aus. Man hatte nie das Gefühl, dass mein Opa den Kampf nicht unter Kontrolle hatte.

„Ist es so ein Brocken wie am Mittwoch?", fragte ich mit dem Kescher in der Hand und bereit, ihn einzusetzen.

„Nee, mien Jung", lachte mein Opa. „Aber een goder Fiss. Villicht so sesstig Zentimeters."

Mein Opa kämpfte weiterhin gekonnt seinen Kampf. Er hob die Spitze und zog den Fisch damit näher heran, senkte die Rute, ohne jemals den Kontakt zu verlieren und kurbelte dabei den gewonnenen Meter Schnur ein.

Die Einstellung der Bremse erlaubte es dem Fisch, einen gerade verlorenen Meter Schnur mit hartem Kampf zurückzugewinnen. Aber das ganze Manöver kostete ihn viel Kraft. Zu viel Kraft, um eine echte Chance gegen einen vollgefressenen und ausgeschlafenen Angelprofi wie meinen Opa zu haben.

DAS also hatte ich am Donnerstag falsch gemacht. Ich war zu ungeduldig gewesen. Ich hatte an der Angel gerissen wie ein Wahnsinniger und wollte den Fisch auf Biegen und Brechen an den Steg ziehen. Man muss Geduld haben. Ihn langsam niederkämpfen.

Nach fünf Minuten war der Hecht an der Oberfläche zu sehen.

„Dat Nett, mien Jung. Legg hüm in das Water!"

Ich tauchte den Kescher ins Wasser und schaute gebannt auf den Hecht. Alles klappte wie am Schnürchen.

Mein Opa zog den wehrlosen Fisch darüber und in diesem Moment hob ich den Kescher hoch und hievte den Fisch ins Boot. Wir hatten echt einen gefangen!

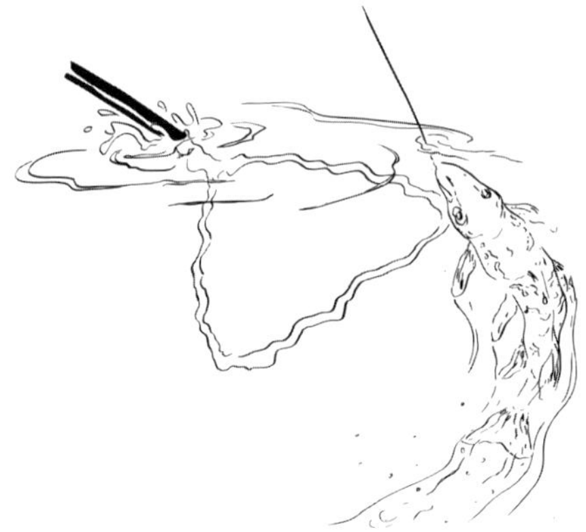

Wir hatten nach diesem ätzend langweiligen Vormittag echt noch einen Hecht gefangen. Ich freute mich riesig und gleichzeitig hätte ich mir in den Hintern beißen können.

Vor allem ärgerte ich mich über mich selbst, denn ich hatte nicht mehr damit gerechnet und nun hatte tatsächlich noch einer angebissen. Und sogar an MEINER Angel. Und trotzdem hatte MEIN OPA ihn gefangen.

„Good maakt, mien Jung", sagte mein Opa zufrieden mit der Gesamtsituation.

„Bleiben wir noch?", fragte ich. Jetzt war ich natürlich wieder heiß.

„Nee, mien Jung. Ik bün müd und hebb Smacht. Wi fahren na Huus."

Ich konnte echt nicht glauben, was ich da hörte. Müde und Hunger? Er hatte den gesamten Vormittag mit Pennen und Futtern verbracht.

„Ach, bitte! Ich will auch noch einen fangen."

„Den hebben wi doch tosamen fangen", sagte mein Opa.

Das war mehr als unbefriedigend, weil mir klar war, dass das nicht stimmte. Den Hecht hatte mein Opa gefangen. Ich hatte höchstens ein bisschen geholfen, ihn ins Boot zu holen und auch das hätte mein Opa wahrscheinlich ohne mich noch besser hinbekommen.

Meine weiteren Bettelversuche liefen ins Leere. Er war nicht mehr umzustimmen und wirkte so wach, wie den ganzen Tag noch nicht.

Er löste die Vorfächer von den Angeln und ordnete diese sorgsam in seinen Angelkoffer ein. Die Angeln wurden in ihren Hüllen verstaut und in die Spitze des Bootes gelegt. Die restlichen Köderfische wurden ins Freie entlassen.

Jeder von uns holte einen Anker hoch, wickelte die Leine sorgfältig um die Ziegelsteine und legte ihn in die Bootskiste. Mein Opa schien es eiliger zu haben als heute Morgen und übernahm sofort die Ruder. Ich legte mich auf die Spitze des Bootes mit dem Kopf voran und schaute ins Wasser. Ich ärgerte mich noch immer, dass ich vorhin nicht aufmerksam genug gewesen war, den Hecht selbst zu fangen. Aber es sollte mir eine Lehre sein. Noch einmal würde ich diesen Fehler nicht machen.

Kapitel 13: UND NOCH EINER!

Ich hing noch immer vorn über der Kahnspitze und starrte ins Wasser. Mein Opa ruderte das Boot zügig in die Richtung des Stegs. Plötzlich rief er laut los: „Daar jaagt dat! Daar achtern! Hest dat sehn?"

Ich sprang auf und schaute in die Richtung, in die mein Opa zeigte. Nichts. Ich sah nichts als ein paar Kreise auf der sonst glatten Wasseroberfläche.

„Nein, ich habe nichts gesehen", sagte ich.

„Daar, süchst du dat?"

In diesem Moment sprangen etwa fünfzig Meter neben uns einige kleine Fische auf einmal aus dem Wasser.

„Ja, ich sehe es!", sagte ich aufgeregt.

Mein Opa hatte schon begonnen, an seiner Angel rum zu fummeln. Neugierig beobachtete ich ihn. Was hatte er nur vor?

„Willst du es nochmal versuchen?", fragte ich.

„Ja, mien Jung. Wenn een so jaagt, dann hett he Schmacht. Den halen wi uns nu."

„Aber wir haben doch gar keine Köderfische mehr!", fiel mir plötzlich ein und war mir sicher, dass mein Opa nun enttäuscht zusammenpacken würde.

Zu meinem Erstaunen juckte das meinen Opa nicht die Bohne. Er fummelte weiter seine Angel zusammen.

„Dat maakt nix, mien Jung. Den kriegen wi ok ohn Köderfiss."

Hä? Wie denn?

Mein Opa stand auf und statt des Hechtvorfaches, wie wir es heute Morgen benutzt hatten, hing ein etwa zehn Zentimeter langer, silbrig glänzender Blinker mit einem Stahlvorfach an seiner Angel. Jetzt raffte ich es.

Wieder scannte mein Opa den See. Dort, wo es vor wenigen Minuten noch geraubt hatte, war nun Stille.

So stand er dort und wartete auf seinen Moment. Und dieser sollte kommen. Unweit von unserem Boot stiegen wieder eine Menge kleiner Fische an die Oberfläche.

Als ich meinem Opa zurufen wollte, wo er hinwerfen sollte, war sein Blinker schon auf halbem Weg in Richtung des Geschehens. Ungefähr zehn Meter dahinter plumpste sein Metallfischchen in den See. Mein Opa kurbelte den Blinker langsam in Richtung Boot, wobei er manchmal zart an der Angelspitze zupfte. Wahrscheinlich um seinem toten Metallfisch etwas Leben einzuhauchen. Leider durften wir den Kleinen zwei Minuten später unversehrt an unserem Boot begrüßen. Noch einmal flatterte der Blinker durch die Luft. Wieder ohne Erfolg. Und dann raubte es wieder. Aus der Tiefe des Sees trieb der Räuber seine Beute an die Oberfläche, wo es kein Entkommen mehr gab.

Die kleinen Fische flüchteten sich in den Himmel, bemerkten aber einen Moment später, dass sie in die Richtung des Räubers zurückfallen würden. Und dann schnappte er zu.

Wieder flog Opas Blinker in den Tumult. Nur eine Kurbeldrehung später zuckte es zweimal heftig in der Angelspitze. Mein Opa riss die Rute sofort mit einem harten Ruck nach oben.

„Ick hebb hüm!“, sagte er ganz ruhig.

„Echt jetzt?“, fragte ich ungläubig, eben weil er so ruhig geblieben war. Aber an der Angelspitze sah ich, dass er nicht scherzte.

O M G, die Angel bog sich krass durch und die Spitze erlebte einige monströse Schläge. Mein Opa hielt die Angel fest in der Hand, bemühte sich aber nicht, auch nur einmal an der Kurbel zu drehen.

Der Fisch nahm einen Meter nach dem anderen von der knarrenden Spule. Die Rute sah aus, als würde sie jeden Moment in Stücke gerissen.

Mein Opa wartete gechillt, bis der Fisch seine erste Kraft aufgebraucht hatte. Aber dann, langsam aber sicher, merkten wir, dass er müde wurde. Er nahm immer langsamer Sehne von der Rolle, bis die Flucht schließlich ganz beendet war.

Und nun begann mein Opa wieder mit dem mir nun schon bekannten Spiel. Er hob die Angelspitze, zog den Fisch so heran und kurbelte den gewonnenen Meter auf die Rolle. Dabei senkte er die Rute langsam ab und achtete darauf, dass die Sehne immer straff blieb. Beim Anheben der Rutenspitze konnte man die heftigen Bewegungen des Hechtes in der Rutenspitze sehen. Wer hätte das noch vor einer halben Stunde gedacht.

Da lag ich noch den Kopf auf den Armen und beobachtete Libellen und nun hatten wir einen Hecht im Sack und den zweiten auf dem Weg dahin.

„Fummel ma den Kescher torecht!", riss mein Opa mich aus meinen Gedanken, der mal wieder weitergedacht hatte als ich.

Ich schraubte den nassen Kescher auf den Stiel, stellte mich an die Bootskante und wartete auf meinen Einsatz. Mein Opa pumpte weiterhin geduldig seine Beute in Richtung Boot. Nach der krassen Flucht am Anfang hatte der Fisch nicht mehr viel entgegenzusetzen. Zwar ruckelte immer mal wieder die Rutenspitze, aber er war nun nicht mehr in der Lage, auch nur einen Zentimeter Sehne von der Spule zu ziehen.

Und da war er. Etwa fünf Meter vor unserem Boot kam der Fisch an die Oberfläche.

Mein Opa grinste über beide Ohren. Damit schien auch er heute nicht mehr gerechnet zu haben.

Ich tauchte den Kescher, wie ich es eben gemacht hatte, leicht unter die Oberfläche und mein Opa zog den Hecht darüber. Dann klatschte der Fisch auf den Boden des Bootes. Ein toller Fisch, wie ich fand. Eine wunderschöne Farbe. Etwas kleiner als der erste, aber dafür etwas fetter. Bei der Plauze schien er heute schon gut geraubt zu haben. Er hätte lieber mal auf Obst und Gemüse umsteigen sollen, statt unseren Blinker zu verspachteln. Mir war es recht. Ich fand's Hammer.

Freudestrahlend übernahm ich freiwillig das Ruder und brachte uns zurück zum Steg, während mein Opa die Angel und den Fisch einpackte. Ein paar Minuten später gingen zwei hochzufriedene Angler, die Rücksäcke auf den Rücken geschnallt und die Angeln lässig über die Schulter gelegt, durch den kleinen Buchenwald, der zwischen unserem Dorf und dem See lag.

Kapitel 14: AM SEE MIT FREUNDEN

„Futzi, wo bleibst du?"

„Häh?" Futzi schien überhaupt nicht zu raffen, was ich von ihm wollte, als ich ihn am nächsten Morgen um halb sieben anrief.

„Wir waren um sechs Uhr verabredet!"

„Häh? Wie? Häh? Oh! Ja! Äh. Stimmt!", musste Futzi schließlich zugeben. „Ich liege noch im Bett."

„WAAAS? Dann komm jetzt aus den Pötten! Ich will an den See!", rief ich ungeduldig.

„Ist ja gut. Ich beeile mich ja", murrte Futzi.

Futzi hatte es scheinbar komplett verpeilt, dass wir früh morgens los wollten. Ich hatte schließlich immer noch keinen Hecht gefangen. Beide gingen auf Opas Konto. Der eine hatte zwar an meiner Angel angebissen, aber ich hatte es verpennt und mein Opa hatte ihn reingeholt. Das zählt nicht. Ich wollte MEINEN EIGENEN HECHT.

Es war wieder so ein super Wetter. Die Sonne war schon aufgegangen und die Vögel trällerten um die Wette. Ich war bereit!

Ich hatte meine Angel bereitgestellt, die Stippe, um Anstecker zu fangen, einen Eimer und zwei Stück Zwieback für den Teig. In meinen Rucksack hatte ich eine Flasche Wasser, ein paar geschmierte Brote, zwei Äpfel und eine Tafel Schokolade gepackt. Das musste für mich und Futzi reichen. Ich rechnete echt nicht damit, dass Futzi daran denken würde, Proviant mitzubringen und so dachte ich lieber für ihn mit. Futzi ist da eher so der Gucken-wir-mal-Typ. Ich setzte mich auf die Bank vor unserem Haus und wartete in der Morgenfrische auf Futzi.

Der kam eine Viertelstunde später noch total verpennt mit abstehenden Haaren um die Ecke gebogen. Ich traute meinen Augen nicht. Er sah so unglaublich abgefahren aus. Er hatte es in der Eile tatsächlich geschafft, im Schlafanzug loszuziehen. Sein Mund war braunverschmiert von einem Schokocreme-Brot, dessen andere Hälfte er noch in der Hand hielt. Auf dem Rücken hatte er einen viel zu großen Rucksack.

„Du hast deinen Schlafanzug noch an!", lachte ich los.

Futzi schaute an sich herunter.

„Ich weiß. Ist mir unterwegs schon aufgefallen, aber ich wollte nicht mehr umdrehen."

„Willst du so gehen?", fragte ich ungläubig.

„Klar, ist mir doch wurscht", entgegnete er wie selbstverständlich.

Und dann stapfte er auch schon los und ließ mich stehen. Ich sammelte meine Sachen auf und rannte ihm hinterher.

Wieder gingen wir durch den Buchenwald und nahmen Kurs auf die kleine Stelle am See, an welcher der Schilfgürtel unterbrochen war und an der die Alten aus dem Dorf im Sommer manchmal nackig badeten.

Wir wollten es heute trotzdem hier versuchen und hofften, dass die Rentner uns vom Anblick ihrer nackten Leiber verschonten.

Hier hatte man das Gefühl, dass der Wald bis in den See hineinging, denn an der Stelle war eine dicke Buche längs ins Schilf gefallen. Sie lag da schon so lange ich mich zurück-erinnern konnte.

Am See angekommen packte ich wieder zuerst die Stippe aus, denn wieder brauchten wir einen Köderfisch und die Senke lag ja leider auf dem Boot. Vom Land aus hätte das aber sowieso nicht funktioniert, weil der See vorn am Ufer sehr flach war und auch nur langsam abfiel. Ich machte den Zwieback nass und knetete ihn zu einem schönen Teig. Futzi war auch bereit und stand angespannt neben mir.

„Soll ich einen angeln?“, fragte Futzi ungeduldig.

„Du weißt doch gar nicht, was du machen musst, oder?"

„Nein", gab er zu.

„Und wie willst du dann einen angeln?"

„Keine Ahnung. Soll ich nun einen angeln?"

„Pass auf, Futzi! Ich versuche es zuerst einmal und du schaust mir zu. Wenn wir den ersten haben, kannst du die Angel nehmen und noch einen oder zwei fangen. Ok?"

„Einen Hecht?", fragte Futzi.

„Nein, einen Köderfisch", antwortete ich etwas genervt.

„Ah ..., ich dachte, wir wollen einen Hecht?!"

„Wollen wir ja auch, aber als Köder für den Hecht brauchen wir erst einmal einen kleinen Fisch", erklärte ich.

„Ah, ok. Soll ich einen angeln?", fragte Futzi wieder.

Ich ignorierte die erneute Anfrage, weil ich mir sicher war, dass sich unser Gespräch im Kreis drehen würde. Die Stippe in der Hand, formte ich eine kleine Teigkugel und steckte sie auf den Haken.

Zielsicher legte ich die Pose neben das Schilf. Das Wasser war an dieser Stelle nur etwa einen halben Meter tief und ich hatte die Pose so eingestellt, dass mein Teigbommel kurz unter der Oberfläche schwamm. Und schon spielte ein kleiner Fisch an meinem Köder. Das ging ja gut los. Die Pose wippte leicht von einer Seite auf die andere, aber so richtig hungrig schien der Kleine nicht zu sein.

Nach einer Weile hörte das Wippen auf und ich ahnte, dass der Teigbommel nicht mehr am Haken hing. Also holte ich die Angel rein und fummelte eine neue Teigkugel auf den Haken.

„Kann ich jetzt?", fragte Futzi schon wieder.

„Gleich, Futzi. Ich fange den Ersten und dann darfst du", wiederholte ich.

Leider dauerte das länger, als ich gehofft hatte. Zwar spielte immer ein Fischchen an meiner Teigkugel, aber so vorsichtig, dass ich nicht anhauen konnte. Und nach einer Weile war mein Teigbömmelchen abgefressen.

So ging das bestimmt zehn oder fünfzehn Mal und Futzi wurde langsam echt ungeduldig. Er hatte begonnen, in seinem Rucksack zu wühlen und dessen Inhalt auf dem Rasen zu verteilen.

Ich hatte Futzi unterschätzt, musste ich mir eingestehen. Er hatte sehr wohl an Proviant gedacht. Und nicht zu knapp. Und vor allem nicht zu gesund. Er hatte Schokolade, Kekse, Gummibärchen, Schokoriegel, Chips, Limonade und noch einiges mehr. Alles, was das Herz begehrt und so viel, dass man ein kleines Dorf damit eine Woche hätte ernähren können.

„Mann, Futzi, was hast du denn vor? Wir sind doch nur einen halben Tag hier am See."

„Mnn wß nni", murmelte Futzi, der sich gerade eine ganze große Hand voll Gummizeug auf einmal in den Mund geschoben hatte, das dort immer mehr zu werden schien.

Im selben Moment machte meine Pose einen beherzten Ruck und war eine Sekunde später beinahe vollständig verschwunden. Ich zog an der Angel und merkte den Widerstand auf der anderen Seite. Sogleich stand Futzi angespannt mit dicken Backen und immer noch kauend neben mir.

„Hst du einn?", fragte er, wobei ihm Gummiteilchen in allen Farben aus dem Mund schossen.

„Ja, ich habe einen."

„Iss j cl. Jtzt ch!", verlangte Futzi aufgeregt.

Ich zog die Angel weiter hoch und aus dem Wasser kam uns eine schöne Rotfeder zugeflogen.

Futzi schnappte sich schnell die Stippe, bevor ich es mir anders überlegen konnte. Mir war es recht. Ich überließ Futzi die Köderfischangel und wollte mich auf den Fang meines ersten Hechtes konzentrieren.

Doch das war leichter gesagt als getan, denn in diesem Moment kam jemand an den See, der es mir schwer machte, mich auf das Angeln zu konzentrieren. Dass Leon irgendwann dazukommen würde, war klar. Wir hatten uns ja mit ihm verabredet. Aber dass er Sophie mitbringen würde, war zumindest mir nicht klar und brachte mich völlig aus dem Konzept.

„Hi Mats, hi Futzi", sagte sie mit ihrer bezaubernden Stimme. „Habt ihr schon was gefangen?"

„Klar, eine Rotflatter", sagte Futzi selbstbewusst.

„Eine Rotfeder", erklärte ich. „Das ist nur unser Köderfisch. Eigentlich wollen wir einen Hecht fangen."

„Habt ihr was dagegen, wenn wir euch eine Weile zusehen?", fragte Sophie.

Ich zuckte nur mit den Schultern, obwohl ich mich so auf die Bühne gestellt schon ziemlich unter Druck gesetzt fühlte.

„Habt ihr vor, länger zu bleiben?", fragte Leon und nickte dabei in die Richtung von Futzis Süßigkeitenberg.

„Man weiß nie!", sagte Futzi.

„Und warum hat Futzi einen Schlafanzug an?", fragte Sophie.

„Ihr kennt ihn doch", antwortete ich knapp.

Mit dieser Aussage waren alle zufrieden. Ich packte meine Hechtangel aus und befestigte die Rotfeder am Drillingshaken.

Anschließend warf ich die Angel gekonnt etwa zwanzig Meter hinaus in den See. Der Schilfsaum war hier zehn Meter breit und so schwamm meine Pose ungefähr zehn Meter vor dem Ende der Schilfkante.

Den Stopperknoten hatte ich so eingestellt, dass der Fisch in einem Meter Tiefe schwamm. Während ich die Angel vorbereitet hatte, hatten Sophie und Leon ständig gefragt, warum ich was machte und wofür die einzelnen Teile an der Angel wichtig waren.

Ich hatte ihnen alles haarklein erklärt und war überrascht und natürlich auch erfreut, wie sehr sie sich dafür interessierten. Naja, Leons Interesse war mir völlig wurscht.

Es ging natürlich nur um Sophie. Und die schien echt kein bisschen angewidert zu sein, obwohl ich gerade einen Fisch auf meinen Haken gespießt hatte. Komisch eigentlich, wenn man an den Biologieunterricht zurückdenkt.

Futzi hatte zu meiner Überraschung tatsächlich eine Plötze gefangen und rannte nun mit dem Fisch am Haken kreischend über die Wiese.

„Ich habe einen, ich habe einen!", schrie er. „Mach ihn ab, mach ihn ab!"

Ich beruhigte Futzi und zeigte ihm, wie er den Fisch selber abmachen konnte. Wir setzten ihn in den Eimer. Es hatte mich echt überrascht, dass Futzi so schnell eine Plötze gefangen hatte, aber die Überraschung wurde noch größer, als ich bemerkte, dass ICH den Teig noch in der Tasche hatte.

Wie hatte er das denn fertig gebracht? Beißen die Viecher auf den blanken Haken?

Ich wollte Futzi gerade fragen, da sah ich, wie er seinen Haken für eine neue Runde mit einem „FRISCHEN KÖDER" bestückte.

Die Angel in der rechten Hand, bohrte der linke Zeigefinger tief in Futzis Nasenloch. Nach einigem Wühlen kam ein schöner, dicker, grüner Popel aus dem Loch gekrochen.

Dieser wurde noch geschickt durch flinkes Rollen zwischen Zeigefinger und Daumen in Form gebracht, bevor er auf den Haken gesteckt wurde.

Ich konnte es kaum glauben. Das war vielleicht ekelhaft!

Auch Leon und Sophie hatten das Schauspiel beobachtet und rümpften die Nase. Noch ekliger aber war die Tatsache, dass die Fische tatsächlich darauf bissen. Schon wenige Sekunden danach zappelte eine dicke Plötze an Futzis Haken.

Freudestrahlend drehte er sich um und zeigte uns den erhobenen Daumen, der gerade noch den Popelköder gerollt hatte.

Und so verbrachten wir die nachfolgenden Stunden damit, Futzi im Schlafanzug beim Plötzenangeln zuzusehen. Wir aßen Futzis Süßigkeiten, tranken Limo und quatschten dummes Zeug.

Futzi war echt nicht ungeschickt mit der Stippe und der Eimer füllte sich zusehends. Irgendwann, als die Nase keinen Nachschub mehr lieferte, ist er dann doch auf Teig umgestiegen und die Fische bissen überraschenderweise auch darauf.

Auch Leon und Sophie wollten es mal versuchen und ich zeigte ihnen, wie es richtig ging. Bei Sophie gab ich mir natürlich besonders Mühe.

Ich legte ihr die Angel in die Hand und stand ganz nah bei ihr.

So nah, dass ich wir uns manchmal fast berührten.

Es war ein tolles Gefühl, als sie dann tatsächlich ihren ersten Fisch an Land zog. Wie sie sich freute.

„Mein Haken ist im Arsch", schrie Futzi auf einmal laut auf, als er wieder an der Reihe war.

Wir anderen drei saßen wieder auf der Wiese und teilten uns eine Tafel Schokolade.

„Warte kurz. Ich mache dir gleich einen Neuen dran", entgegnete ich.

„Nein, der Haken ist im Arsch – in meinem!"

Und dann sah ich, was passiert war. Der Haken war nicht kaputt, sondern hatte sich tatsächlich in Futzis Hintern gebohrt. Gott sei Dank nur in seine Schlafanzughose.

Kapitel 15: (H)ECHT JETZT?!

Bei allem Spaß, den wir am See hatten, blieb ich trotzdem immer konzentriert und ließ meine Hechtangel nie aus den Augen. Ich wollte nicht wieder einen Fehler machen – ich wollte unbedingt meinen ersten Hecht. Und dann geschah es. Ich fummelte gerade den Haken aus Futzis Allerwertestem, als meine Pose sich bewegte. Eindeutig! Das war nicht der Wind! Mein Herz begann zu rasen.

Ich ließ von Futzis Buxe ab und lief zu meiner Angel. Mein Blick war gebannt auf die Pose gerichtet. Die anderen beobachteten mich, aber niemand sagte ein Wort. Totenstille. Ich ließ den Blick nicht von der Pose.

„Komm schon, schnapp ihn dir! Schnapp ihn dir. Der ist lecker. Und dann zieh ich dich raus. Meinen ersten Hecht. Komm schon. Beiß zu!"

Und dann – nichts. Es passierte nichts. Die Pose stand still auf dem See. So stand ich da eine gefühlte Ewigkeit und wartete auf die nächste Bewegung. Hatte ich mir das nur eingebildet? War es vielleicht doch nur der Wind? Nein, ich wusste, dass es ein Biss war. Enttäuscht setzte ich mich neben die Angel und legte kurz den Kopf auf meine Knie.

„Da! Mats! Das Ding wackelt!", schrie auf einmal Sophie aus dem Hintergrund. Sofort war mein Blick wieder auf der Pose und tatsächlich – sie wippte deutlich auf und ab.

Mir schoss Adrenalin durch die Adern und meine Hände zitterten. Eindeutig – kein Wind! Das war ein klarer Biss! Ich nahm die Angel in die Hand und wartete auf den richtigen Moment.

Die Pose wippte zwar eindeutig, aber doch nur leicht hoch und runter. Offensichtlich war der Hecht vorsichtig und untersuchte erst einmal gründlich seine Mahlzeit.

Aber es wurde ruppiger. Das anfänglich zarte Wippen ging in ein hartes Auf und Ab über.

Ich stand, jeder Muskel meines Körpers angespannt, die Angel in der Hand, da und beobachtete das Geschehen draußen auf dem See. Die Blicke meiner Freunde konnte ich spüren, aber das war mir im Moment egal.

Und dann ging es los. Mit einem Ruck wanderte die Pose in Richtung der Schilfkante und wurde schließlich in die Tiefe gezogen.

Das war der Moment, auf den ich gewartet hatte. Schnell kurbelte ich die Sehne straff und riss die Rutenspitze schlagartig hoch. Sofort merkte ich, dass der Schlag saß. Ich hatte ihn echt am Haken. Ich war so aufgeregt.

„Er ist dran!", rief ich den anderen aufgeregt zu.

„Kann ich was machen?", fragte Sophie plötzlich. Sie war aufgesprungen und stand nun voller Tatendrang neben mir.

„Nein, ich denke nicht", musste ich sie enttäuschen.

„Ist es ein Hai?", fragte Futzi, der immer noch den Haken im Hintern hatte.

„Ein Hecht, Futzi, ein Hecht!", schrie ich.

Leon blieb ruhig und beobachtete aus dem Hintergrund das Geschehen.

Meine Angelrute bog sich in die Richtung meines Gegenübers. Wieder konnte man den Kampf des Fisches in den harten Schlägen in der Rutenspitze sehen. Und ich konnte sie spüren.

Die Bremse hatte ich so eingestellt, dass der Hecht Sehne ziehen konnte, wenn er sich sehr anstrengte. Und das tat er. Innerhalb weniger Sekunden hatte der Hecht einige Meter von der Spule gezogen. Ich versuchte, gechillt zu bleiben und ließ ihn ziehen.

Ich hatte schließlich gelernt, dass er das nicht lange durchhalten würde. Als die erste Flucht vorüber war, fing ich an, den Fisch langsam in Richtung Land zu ziehen.

Das ging mal besser, mal schlechter. Hatte ich ihn mal drei oder vier Meter herangezogen, rappelte er sich wieder auf und zog erneut einige Meter Sehne von der Spule.

Mir standen die Schweißperlen auf der Stirn. Weniger von der körperlichen Anstrengung als von der Aufregung.

Langsam merkte ich, wie mein Kontrahent müde wurde. Die Fluchten wurden kürzer und ich konnte einige Meter gewinnen.

Und dann war er plötzlich weg. Ich konnte es nicht glauben. Er war weg! Was hatte ich denn nun wieder falsch gemacht? Warum war er weg?

Ich spürte keinen Widerstand mehr.

Gar keinen!

Überhaupt keinen!

Aber warum? Ich spürte nicht mal den Widerstand meines Vorfachs. Abgerissen? Nein! Nein! Er schwamm mir entgegen! Ich hatte den Kontakt verloren.

Der Fisch hatte die Flucht nach vorn gewählt und war mir schnell entgegengeschwommen, so dass ich ihn nicht mehr spüren konnte. Ein echt raffinierter Trick. Aber vielleicht war er noch da!

Ich musste schnell wieder den Kontakt herstellen, um zu verhindern, dass der Fisch den Haken abschütteln konnte. Schnell kurbelte ich die Sehne straff und tatsächlich – er war noch da! Gott sei Dank.

Ich spürte ihn wieder. Ich hatte ihn NOCH nicht verloren.

„Nicht mit mir", dachte ich. „Nicht mit mir. Heute kriege ich dich. Heute fang ich meinen ersten Hecht." Ich hatte keinen Zweifel mehr.

Und dann hatte ich plötzlich doch wieder Zweifel. Ich hatte keinen Kescher. Ich hätte mir vor Wut in den Hintern beißen können. Wie konnte das passieren. Ich dachte, ich hätte an alles gedacht und nun hatte ich keinen Kescher.

„Ich habe keinen Kescher", sagte ich verzweifelt.

„Und?“, fragte Leon aus dem Hintergrund.

„Wir müssen den Hecht irgendwie an Land kriegen, wenn er hier vorn ist.“

In diesem Moment tauchte etwa fünf Meter vor uns die grüne Seite des Hechtes auf. Ein schöner Brocken. Noch größer als die, die wir einen Tag zuvor gefangen hatten. Aber noch war er nicht an Land und er hatte auch kein Interesse daran, es mir leicht zu machen.

Im Gegenteil.

Mit letzter Kraft zog der Hecht zwei Meter Sehne von der Spule und schoss nach links weg in Richtung des Schilfgürtels. Ich versuchte, ihn an der Flucht zu hindern, aber es gelang mir nicht und tatsächlich schaffte es der Hecht bis ins Schilf.

„Mist, er ist ins Schilf! Meine Sehne wird reißen, wenn ich ihn da nicht rausbekomme!“

Als ich beinahe die Hoffnung verlor, ihn wieder aus dem Schilf zu bekommen und ich mich gerade von meinem Fisch verabschieden wollte, passierte etwas, womit ich nie gerechnet hätte.

Sophie hatte sich die Schuhe ausgezogen und die Hose hochgekrempelt und sprang ins knietiefe Wasser. Sofort rannte sie dem Hecht entgegen ins Schilf.

Beherzt griff sie nach der Sehne und zog den Hecht zurück ins freie Wasser. Schnell kurbelte ich die Sehne stramm und zusammen zogen wir den Hecht bis an die Uferkante.

Hier packte sich Sophie den ganzen Fisch und wuchtete ihn an Land. Ich ließ die Angel fallen und warf mich auf den Fisch, sodass er nicht mehr zurück ins Wasser springen konnte.

EINE FRAU DER TAT

Es war geschafft! Wir hatten es tatsächlich geschafft! Mein erster Hecht. Und was für ein schöner Brocken.

Erschöpft saß ich im Gras und schaute auf meinen Fang. Sophie stand immer noch im knietiefen Wasser und strahlte über beide Ohren.

Leon und Futzi starrten mit offenen Mündern abwechselnd erstaunt auf Sophie, mich und den Hecht.

Kapitel 16: HECHT GEBRATEN

Nachdem wir uns alle einigermaßen beruhigt hatten, packten wir unsere Sachen zusammen.

Noch immer grinsend und stolz wie Oskar packte ich den Fisch in eine Tüte und verstaute auch das andere Angelzeug.

Futzi sammelte noch seine Futterreste auf, die kreuz und quer über die Wiese verteilt lagen und wenig später stolzierten wir gemeinsam zu mir nach Hause. Wir hatten beschlossen, den gemeinsamen Fang zusammen zum Abendessen zu verspachteln.

Der Hecht wog 2,6 Kilogramm und hatte eine Länge von 68 Zentimetern. Nicht schlecht für meinen ersten Hecht.

Ich machte den Fisch sauber und die anderen beobachteten mich dabei. Von Ekel keine Spur.

Mein Opa kam zum Essen rüber und so aßen meine Familie, Leon, Sophie und ich den leckersten gebratenen Fisch, den ich je in meinem Leben gegessen hatte. Meinen ersten eigenen Hecht!

Warum Futzi nichts davon aß?

Nun ja, er hatte darauf bestanden, seine Popelplötzen zu essen und verspachtelte ganze 17 Stück davon.

DAS ABENDMAHL

„Sehr gooder Fang, mien Jung", sagte mein Opa anerkennend. „Wenn du dat al so good kannst, mutt ik in de Urlaub nich alleen angeln."

„Wo fahren wir denn hin?", fragte ich verwundert, denn ich wusste gar nicht, dass wir den Urlaub schon geplant hatten und erst recht wusste ich nicht, dass wir im Urlaub angeln würden.

„Na Dänemark. Soltwaterfischen!"

Mein erster Hecht und die Aussicht auf einen Wahnsinns-Angelurlaub ...

Ich dachte schon, dass es nicht mehr besser werden könnte. Doch dann traf mich auch noch über den Esstisch hinweg Sophies bezaubernd schönes Lächeln. Voll der Hammer – echt jetzt!

Genehmigte Lizenzausgabe
NEUER FAVORIT VERLAG GmbH
Industriestraße 19
64407 Fränkisch-Crumbach 2020
www.neuer-favorit-verlag.de

Projektleitung: Sonja Sammüller
Text: Dr. Helge Jochens
Illustrationen: Maxi Alker
Layout, Satz und Umschlaggestaltung:
design cat GmbH

ISBN 978-3-8494-7500-0

FÜRS LEBEN GEZEICHNET
HÄTT' ER MAL LIEBER GRÜNZEUG GESPACHTELT
UNERBITTLICH DIESER STURE ALTE – HARGH
FUTZI, DAS AUSNAHMEANGLERTALENT
OOOHH SHIT
PFFT…
EXTREME BEWEGUNGEN AN BEIDEN ENDEN!
TRICK 17 EIN FEINER BLINKER
IN MANCHEN MOMENTEN KÖNNEN NUR METEORITENEINSCHLÄGE ODER SO DIE SITUATION RETTEN…
Ein Hecht! Hol ihn rein!
*„EIN HECHT! HOL IHN REIN!" MEIN OPA SPRICHT NICHT NUR KOMISCH! ER SCHREIBT AUCH KOMISCH!
HAMMERTYP MIT EXTREM GUTEM FINGERSPITZENGEFÜHL
UHU